まともがゆれる

常識をやめる「スウィング」の実験

木ノ戸昌幸

朝日出版社

はじめに

真昼のコンビニエンスストア。ペットボトルのお茶を買おうとレジに差し出す。すると真面目そうな若い男性店員が流暢な、柔らかな口調で言う。

「袋に入れさせていただいてよろしかったでしょうか？」

おおう。……なんて？　「いつもの感じ」なその雰囲気に一瞬流されそうになるが、やっぱりこの引っかかりは無視できない。言葉は悪いが、たかだかコンビニ。何か高級品を買ったわけでもないのに、丁寧に丁寧を重ねすぎて、もはやおかしな日本語になってしまっているではないか。一周回ってむしろ「まさか袋なんかいらないですよね？」と言われているようでもある。巨大な組織や口うるさい上司が求めるマニュアル通りにしているうちにこんなんなっちゃったのだろうか。思わず興味が湧きその若者をまじまじと見つめていると、彼は僕のほうを一瞥もせず、淡々と商品を袋に入れようとしている。

「あ、袋いらないです」「はい、ありがとうございます」。この間、1度も目は合わない。というより恐らく彼は、僕に1ミリの興味も持っていない。ただレジの上の、わずかな空間をさまようバカ丁寧な言葉が僕の心の中にくっきりと残されただけだ。何にせよ、何かが確実に過剰であり、何かが決定的に欠けている気がする。

僕は小学生の頃から、大人たちが暗黙のうちに求める「こうあるべきまともな姿」に自分自身の限度を超えて過剰に適応し、学校に行くことや人と接することが怖くて怖くてたまらないという、長い日々を送った。そしてその間、「これってなんかおかしくない?」と客観的に考えることは1度もできず、原因はすべて弱い自分にあると思い込み、日常化した恐怖に感覚を麻痺させていた。20歳を過ぎた頃、その「生きづらさ」が社会と密接に関係していることを運良く知り、弱い自分と過去を赦すことができた。そして僕の心はとんでもなく身軽になった。

あれからもう20年。残念ながら相も変わらず窮屈で居心地の悪い世の中だなあと思う。

それどころか「まとも」や「常識」や「普通」といった曖昧なものが指し示す範囲はどんどん狭まる一方のようだ。もう何かを更新しなければいけないことに多くの人が気づいているのに「就職はまだ？　結婚はまだ？　お子さんはまだ？」なんて無神経な言葉を飛ばし合い、そんなふうにうまくいってしまった人たちを祝福し、そうできない人のことは見て見ぬふりをしている。そしてうまくいってしまった人たちですら、いつ自分も脱落してしまうか分からない不安の中で、「わたしは違う、わたしはだいじょうぶ」という思い込みの階段を、かなりの無理をしながら上り続けているように見える。

程度の差はあるにしても、「個」はそれぞれに、その「個」が生きる社会を象徴している。つまり僕自身の在り方や人生は、この社会の何かを映し出す鏡のようなものであり、コンビニ店員としてのあの若者の言動も、社会の何かを反映しているのだろう。コンビニが効率や利便性を追求した現代社会の分かりやすい縮図のひとつだとすれば、恐らく社則や暗黙のルールから逸脱した、あまりにも短すぎるスカートを履いたやる気のない店員なんかをときどき見ると、妙な安心感を覚えてしまう。世界にはまだ余白が残されている、と。いいぞいいぞ、もっともっとやれやれ、おれも負けずにやってやるぜ、と。

僕が主宰する「スウィング」は京都・上賀茂で活動するNPO法人である。以前に勤めていた福祉施設で、僕自身が苦しみ続けた「こうあるべきまともな姿」から大幅にはみ出した「障害者」たちと出会い、彼らとなら何か新しいことができるかもしれないと、2006年、ありあまる熱意半分、やけくそ半分で設立した結果、13年目を迎えた今も地道な活動を続けている。法人の理念は「Enjoy! Open!! Swing!!!」。閉塞感漂うキナ臭い世の中を、それでも楽しもうとする姿勢や気概を持つこと。固定化し、硬直しがちな組織や人との関係性、そして弱くてちっぽけな自分を開くこと。諸行無常の世に身を委ね、柔らかにしなやかに軸をぶらさず揺れ続け、変わり続けること。この3つをシンプルな言葉で表したつもりだ。

障害者総合支援法という法律に則った福祉施設でもあるスウィングには、毎日15~20名の障害者がやって来て、絵を描いたり、詩を書いたり、戦隊ヒーローに扮して清掃活動を行ったりと、一般的なそれとはずいぶんと趣が違う様々な仕事を行っている。障害者と一言で言えども知的障害、精神障害、発達障害、身体障害、いくつかの障害を併せ持つ人などそれぞれ。また、障害者という言葉がイメージさせる生きづらさなんてまったく感じさせず、目の前の日々を楽しんでいるようにしか見えない人もいれば、社会が規定するまともからはじかれ、ひとりでは抱えきれないような生きづらさを味わってきた人もいるし、そもそもそうした社会的なあれこれを理解できない人もいる。一方、スウィングでは少数派である若干名の「健常者」たちは、（僕も含めて）むしろ心身健やかなふうには見えない場合が多く、人を便利に一括りにしてしまうラベルは、やっぱりただのラベルにすぎないことを僕たちはよく知っている。

かつてスウィングからある荷物をお届けしたところ、「特定非営利活動法人スウィング」というその正式名称が怖すぎて、荷ほどきができなかったという話を聞いたことがある。僕たちは思わず笑ってしまったけれど、きっとその人は「これ、爆発するかもしれない……」という不安に、一時本気で怯えていたに違いない。
「NPO」の知名度は少しずつ上がってきたのかもしれないが、スウィングを取り巻く言葉には他にも「福祉」であるとか「アート」であるとか、どこか縁遠い、敷居の高いものが多いようだ。つまりどれも、あまり一般的ではない。けれど僕はスウィングで過ごす日々の景色の中に、この時代や社会全般に通じる普遍的な何かをずっと感じてきたし、その何かをどうにか表したいと、書くことを続けてきた。本書はそれらの文章を加筆修正し、一部書き下ろしを含めて再構成したものである。そして各文章の冒頭を飾っているのは、スウィングが展開する芸術創作活動「オレたちひょうげん族」から生まれた、無名の詩人たちによる珍作、迷作の数々だ。

社会を断罪してもしょうがないし、人ひとりが生きるということにセオリーや方法論なんてない。本書が、固定化された「まとも」を見つめ直し揺らしたりずらしたり、このろくでもない社会に傷付き戸惑う心優しき人たちの生きづらさを緩め、一息つきながら生きてゆくための少しのヒントになればいいなと願っている。

もくじ

しんねん
おめでとうござ
います、
いめどしが、
おまえ、みたい
になりた
いたいよ

しんねん／向井久夫／2018

犬になる

スウィングの1年は、ご近所の上賀茂神社への初詣からはじまる。お詣りを終え、スウィングを代表する詩人・向井久夫さんに「新年」をテーマに詩を書いてくださいとお願いしたところ、バババ！とあっという間に数篇の作品が出来上がって、その中から選んでもらった一番のお気に入りが「しんねん」であった。向井さんは、精神科入院歴10年に象徴される過酷な精神の闇を生き抜き、15時頃に出勤して15時30分には家路につい たり、「今日は休む」と言ってスウィングに来て横になって休んでいたり、「風邪がなかなか治らないですね」といたわれば「治す気がないからね」と笑ってみたり、お猪口《ちょこ》に注いだワイン片手に詩を綴ったりしながら、マイペースすぎる日常を送る60歳前のおじさんである。

分かる、何となく分かる。自分が犬になったところを想像してみると、なぜか、何となくほっとする。バカにすんなと犬に怒られそうだが、な～んにも考えずに無闇に駆け回ったり、ただただぼ～っと佇んでいる犬の姿（＝自分）が脳裏に浮かぶ。

僕たちは日々「考えること」に疲れ果ててしまっているのかもしれない。昨日、今日、明日、明後日、もっと先、もっともっと先のこと……考えなければいけないことがたくさんありすぎて、いや、正確には「あるような気になりすぎていて」、どうやらいつも頭の中がキャパシティオーバーになってしまっているようだ。

尊敬する精神科医から「人間も犬と同じですよ」という名言をいただいたことがある。「下手の考え休むに似たり」という言葉もあるが、人間ぶって（？）賢ぶって、暇に飽かせて、考えても分からないことまで考えようとせず、分からないことは分からないままに、今日に集中！　今に集中！　そんなふうに生きていけたらいいのになと思う。また、（多少の個人差はあれど）人は犬に対しては過大な期待を持ちはしないが、こと相手が人間となると「分かってくれる」と勝手に期待をして、それに沿う結果が得られないと（やはり勝手に）失望したり傷付いたり、ときには怒ったりしてしまう。

人間も犬と同じですよ。

大切にしたい考え方だなあと思う。犬にはちょっと失礼な気もするが、きっとこんなちっぽけなこと、気にも留めないだろう。

おまえ、みたいになりたいよ。

戦車

戦争やあらそいごとが、
世界中からなくなって、
あまった戦車で遊ぶんですの。
乗って運転をして、
右や左に前や後ろに。

たいほうをドーンとマトにうって、
当てたりですの。
クルリとほう台を、
回したりですの。
危ないですので、
気をつけてください。

戦車／Q／2012

朝からはじめる「ギリギリアウトを狙う」こと

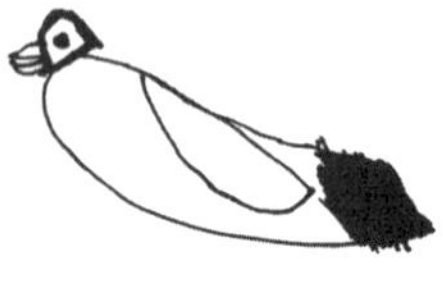

先日、遠く長崎から見学者がやって来て、スウィングの風景にえらく感動して帰ってくれた。雰囲気が自由であること、「ヘンタイ」が褒め言葉として当たり前に使われていること、そして何より「朝礼でたくさんの人が発言する様子」に目を輝かせてくれたことが嬉しかった。

朝礼は毎朝「10時5分」という、ものすごく中途半端な時間からはじまる。スウィングが開くのは午前8時30分なのだが、自転車に乗ったり公共の交通機関を利用することが難しい数名の人が、「送迎車」に乗って到着するのがおおよそ10時、そして荷物をロッカーに置いたり身支度をする時間を鑑みた結果、いつしかこの10時5分朝礼スタートが定着した。とはいえ午後から来る人がいたり、何時に来るか特に決めていない人もいたり、出勤リズムは人それぞれ、非常にフレキシブルなので、その日の10時5分にいる、15〜25名くらいのメンバーがその場に参加している。

朝礼（や終礼）では「本当にどうでもいいこと」を、本当に多くの人が発言する。昨日の晩ご飯のおかずとか、昨日のスウィングからの帰り方（毎日いっしょ！）とか、家に帰ってからこんなことがあったとか、週末にはこんな予定がある（その日が来るまで毎日のように同じ情報がプレゼンされる）とか。笑ってしまうくらい本当にどうでもいいことが飛び交うのだが、僕は本当にどうでもいいことを言い合えるこの自由な雰囲気が、とてつもなく大事だと考えている。

なぜなら朝礼が「どうでもよくないこと」しか言えない場であったならば、そこは当然どうでもよくないことを言える人しか発言できない息苦しい場となり、本当にどうでもいいことしか言えない人たちの声は圧殺される。恐らく知らぬ間に。これは本当に恐ろしいことだ。全然どうでもよくない。

とはいえ、かつては僕らの朝礼も、分かりやすく有用な連絡事項など、どうでもよくないことを共有するための、どこかで誰かに教わったような型通りの時間であった。けれどそれでは、主体性を持ってその場に関われる人が限られてしまい、内容が理解できずに置き去りにされてしまう人や、純粋に興味が持てずに「聞いちゃいねえ」人が大量発生してしまう。そもそもスウィングにはややこしい言葉の理解が難しい人も大勢いる。朝礼は参加するかしないかさえも自由だが、せっかく参加をしている人が、できるだけ積極的に、「自分事」としてその場に関わるにはどうすればいいのか。

互いの顔と顔が近くなるよう狭いスペースでやってみたり、本当にその時間が必要かどうかを確かめるために一旦やめてみたり、試行錯誤を繰り返すうちに辿り着いたのが、「何か連絡事項はありますか？・」という進行役の言葉を「なんかありますか？・」に変えることだった。この場に必要不可欠な、意味ありげな「連絡事項」はなくとも、人それぞれ言っても言わなくてもいいような「なんか」はあるはずだ。この雑でおおらかな呼びかけを採用することにより、スウィングの朝礼は紋切り型の形式的な場から、何が飛び

「本当にどうでもいいこと」が飛び交う朝礼の様子。

出すか分からない愉快なカオスへと徐々に変貌を遂げることとなった。

学校教育の場をはじめ、どうでもよくないことしか口に出しちゃいけないような空気の中で多くの時間を過ごしてきた人たちが、本当にどうでもいいことがセーフゾーンどころか、どストライクゾーンとなったこの空間でまさにその人自身の言葉を取り戻し、声を発するようになり、そうした積み重ねの上に、彼らの自由な仕事や表現が生み出されているように感じる（また、そうした雰囲気は言葉を持たぬ人

スウィングの活動拠点は元学習塾の校舎。大きな黒板やその上に掲げられたモットーはその名残りである。

にも伝わってゆくものだとも思う）。

スウィングのモットーのひとつに「ギリギリアウトを狙う」がある。だから始業時間はまちまちだし、眠くなったら昼寝をすることが奨励されているし、特に理由もないのに休みを取る人には拍手が送られる。知らぬ間に僕たちの内面に巣くってしまった窮屈な許容範囲の、ちょっと外側に勇気を持って足を踏み入れ自己規制を解除し続けることで、かつてはアウトだったものが少しずつセーフに変わってゆき、「普通」や「まとも」や「当たり前」の領域が、言い換えれば「生きやすさ」の幅が広がってゆく。

それは決して難しいことではなく、「自宅の電化製品の状況」という誰も知りたくない情報や、「忍者になりたい」という永遠に叶いそうもない夢を語ることがナイスとされる時間と空間の中で、日々更新され続けているのである。

ゴミコロリ

上加賀茂地域やかもがわ
などでいろいろなゴミを
ひろっている
もっとひろいたいゴミがあるので
行けてない所もまだあるので
とてもむねかいたい。

たまにエロ本やエロDVDがあって
おおっと思わず目がかがやいて
また新しいエロDVDが
あったらいいな〜
もっと町がきれいなるように
自分たちの心がきれいになるように
がんばっていく

ゴミコロリ／増田政男／2012

町に異物を放つ、清掃活動「ゴミコロリ」

人は何のために働くのか？　お金のためだけだろうか？　本来、幸せになるための「手段」であったはずのものが、いつの間にか「目的」になり変わってやしないだろうか？　お金は大事だ。かなり大事だ。けれど人や社会に対して何か役割を感じたり、自信を持って力を発揮したり、毎日の暮らしに幸せや豊かさを感じるために、必ずしもお金が必要だとは限らない。お金は大事。かなり大事。でもきっとそれだけじゃない。

スウィングでは仕事を「人や社会に対して働きかけること」と定義し、対価の有無に囚われない様々な活動を繰り広げ、それらを「OYSS《オイッス》！（O＝おもしろいこと・Y＝役に立つこと・S＝したり・S＝しなかったり）」と総称している。この「OYSS！」を代

表する取り組みが、2008年にスタートした清掃活動「ゴミコロリ」だ。「美しい京都をより美しく」という取ってつけたような合言葉を胸に、揃いの青いゼッケンを付け、火バサミとゴミ袋を手に、勇ましい「ゴミコロレンジャー」となった総勢20〜30名が、頭フラつく真夏の日も、雪の舞い散る真冬の日も、スウィングが拠点とする京都・上賀茂地域を中心に、毎月第3水曜日、月に1度のゴミ退治を重ねてきた。その回数は10年間で122回（2018年12月現在）に上る。

僕は物やサービスをたくさん手に入れるため、できるだけ給料の高い会社に就職して、できるだけ効率良くお金を稼ぐという価値観にずっと馴染めなかった。そして様々な障害のあるスウィングのメンバーは得手不得手がはっきりとしており、効率的にお金を稼ぐことを苦手とする人たちが大多数を占める。こんな僕たちでも……というより、こんな僕たち「だからこそ」できることはないか？

そんな思いを抱きながらぐるぐる考えていたあるとき。僕は偶然、ミュージシャンCoccoによる、沖縄を舞台にした「ゴミゼロ大作戦」というプロジェクトを追ったドキュメンタリー『Heaven's hell』を目にする。「もしも歌が届いたら海のゴミを拾ってね」というシンプルなメッセージと、そこに込められた熱い思い。僕は鼻水をダラダラ流して号泣し、こんなことがしたいと願い、そして同時にこれならできると確信したのである。

ボランティアとしてのゴミ拾い――行政的には「一斉清掃」と呼び、毎月、必ず区役所に届け出ている――ならばほとんどの人が参加できるしノルマもないし、拾い残しがあったところで別に構わない。さらにこれはやってみてから気づいたことなのだが、「火バサミとゴミ袋を持って揃いのゼッケンを付ける」という、記号化されたゴミ拾いのビジュアルを体現するだけで（極端に言えばそのビジュアルでただお散歩をしているだけで）我々は地域のために働く感心な人々となり、「ありがとう」や「ご苦労さま」といった、温かい言葉の数々をいただいてしまうのである。

しかしゴミ拾いという清廉潔白な行いには、そうとしか言えないような、ある種、暴力的な「押しつけがましさ」が漂っていることも否定できない。つまり僕たちはそうした押しつけがましい振る舞いを常に見せる側でもあり、同時に見られる側でもあるのだ。また、どれだけ意味のあることだとしても、ただ当たり前にゴミを拾うだけでは、その単純作業に飽きてしまうことも考えられる。やるからには長く続けたいし、それには続けてゆきたいと思うだけの魅力が必要だ。「圧倒的に良いことを押しつけがましさのない活動に変えること」、そして「誰でもできる単純作業を魅力的な活動に変えること」。これら2つの課題をクリアするため、試行錯誤の末に勝手にこしらえたローカルヒーローが「まち美化戦隊ゴミコロレンジャー」である。

インターネットで購入したそこそこダサい戦隊モノのコスチュームに全身を包んだ5〜6人が、その他のゴミコロレンジャーに紛れるようにゴミ拾いをしているのだが、当然ながら目立つ。平日の昼前、伝統溢れる京都・上賀茂の地に現れるその姿は明らかに異質である。さらに戦隊ヒーローの常識を覆すべく、レッドもイエローもグリーンもなし。構成員をすべて「ゴミブルー」とすることで親しみやすさを演出、「なんで全員ブルーやねん！」という分かりやすいツッコミを誘導している。活動当初は「不審者」として警察に通報され、パトカー3台に取り囲まれたこともあったし、すれ違う子どもたちは例外なく驚き、ときに泣きわめき逃げまどっていた。が、今ではコンビニに入って買い物をするのも、拾った貴重品を交番に届けるのも平気だし、町の人気者として子どもたちに握手を求められたり、女子中高生あたりにキャーキャー言われたりするようにもなった。

さらに毎月休むことなく活動を続けていると、ゴミブルーに対する人々のリアクションが、もう一段階バージョンアップ（?）したことを実感する。たとえばごくごく普通に「こんにちは～」と声をかけられたり、子どもたちに「ゴミ捨てマン」とか何とかおちょくられたり、「また来た～ん」と素っ気なく言われたり。これらは決して寂しいことでも虚しいことでもなく、かつては明らかな「異物」だったゴミブルーが、地域の中でどんどん「お馴染みのローカルヒーロー」になってきている過程を、僕たちは目の当たりにし続けているのだ。

上／すれ違う子どもたちに手を振るゴミブルー。　下／目が合ってしまった人に配る名刺。

ゴミコロリは不思議だ。一銭も儲からないのに（ほとんど）誰も嫌がらないどころか、むしろ楽しみにしている。ただのゴミ拾いを。あんな面倒臭いことを。「掃除をしなさい」と言ったのはオノ・ヨーコだったが、「町を綺麗にする」という行為には何か特別な力があるのかもしれない。ゴミコロリは「それいいね！」と徐々に賛同者を得て、企業やショップ、大学のサークルや福祉施設等、国内17支部、国外1支部（２０１８年12月現在）が「ゴミコロ支部」として同時多発的にゴミコロリを行っている。活動の様子はブログ「Swingy days」にて報告しているので是非ともご覧いただきたい。

仕事とは「人や社会に対して働きかけること」。この定義をシンプルに具体化したゴミコロリには、なぜだかやみつきになってしまう中毒性がある。そこには町を綺麗にする喜び、感謝される喜び、ヒーローに変身する喜び、子どもに愛される喜び、共感の輪が広がる喜び、休憩時間にアイスを食べる喜び――お金に換えることのできない小さな喜びたちが、一過性のお祭り騒ぎではなく、あくまで日常の延長線上に、程良く溢れている。

ゴミが多ければ「一体どうなってるんだ⁉」と憂き世を嘆き、ゴミが少なければ「拾うもんないやんけ！」と理不尽に毒づき、どっちにしたって元気ハツラツぶーたれながら、我らゴミコロレンジャーの戦いは果てなく続く。

町に異物を放つ、清掃活動「ゴミコロリ」

せんぷうき

2台のせんぷうきをつけてある。
どちらもいちばんつよいかぜにして
ふとんの右左から

自分のかおのほうにむける。
目をとじて口もぎゅっととじる。
かぜがはいりすぎて
べろとはがくっつくくらい
のどがかわくからな。

せんぷうき／西谷文孝／2015

境界線上の「京都人力交通案内」

京都市営バス（以下、市バス）を中心に、非常に発達している京都の公共交通網だが、それゆえメチャクチャややこしいことにもなっている。なんせたくさんの路線をたくさんの異なる系統のバスが走っているし、その上「乗り継ぎ」が加わるとややこしさは倍増するのである。スウィングの来訪者が次の目的地への行き方を迷っているとき、僕が頼りにするのはもちろんインターネットであった。しかしながら、僕が必死になってパソコンのモニターとにらめっこをしているうち、毎度のように完璧な行き先案内を済ませてしまっている男たちがいた。ややこしすぎる市バスの路線、系統をなぜか（ほぼ）丸暗記しているQさんとXLさんである。

……QとXL。改めて見てみると、何と妙ちくりんな名前だろうか。名前がアルファベットって、どういうことやねん。一応、福祉施設であるスウィングは、個人情報保護だか何だかの観点から、利用者の名前の出し方について本人に確認を取るようにしている。本名がいいか？　ニックネームがいいか？　アーティストネームみたいなのがいいか？　Qさんの場合、もともと自己防衛がとっても強い性格もあってか本名という選択肢はなし、「じゃあ何にする？」と尋ねると「IQがいい」。IQて。それ、知能指数やないか。あんたその指数によって知的障害者になってるんやで……。「ちょっとそれは深すぎる気がするのでやめてもらいたい」という僕のおせっかいに当人も納得し、（IQからIを取って）Qさんは誕生した。XLさんの場合は至ってシンプル。「名前どうする？」と尋ねると「どうでもええ、何でもええ」と丸投げしてきたので、それならあんたのどでかい体のサイズにしようと、ノリで決まってしまった。

それではなぜアルファベット珍コンビにヘンタイ的なバスの知識が身についたのか。Qさんは関西一円のバスが大集合する「バスまつり」というイベントで、「降車ボタン」などのマニアックなグッズを購入したりする、とにかくバスが大好きな人。スウィングへ出勤するのにも、わざわざ遠回りして様々な乗り継ぎルートを編み出したり、仕事をサボって休むときにもやっぱり普段は行かないような奥地にまで乗り継いで行ったり、尽きることのないバス愛を持つ、乗って覚えるタイプのヘンタイのようだ。

一方、ＸＬさんはスウィングへの出勤ルートも一本調子だし、休日もほとんど家で過ごしているし、普段から必要最低限しかバスに乗らない。が、少ない機会にとにかくめっちゃ「見ている」。バスの車窓からは行き交うバスをキョロキョロと眺め続け、バス停では時刻表や系統図を熱心に見つめている。何より一般人には同じようにしか見えない車体の形の違いだけを見て、それがどの系統のバスなのか当てられるという信じがたい特技（ただし正解率は50％程度）が、彼のヘンタイ的な見る力を証明しているだろう。

この一銭にもなりゃしない、けれど非常に優れたふたりの力を活かす道はないか。そんなもったいない精神から２０１２年に始動した活動が、Ｑ＆ＸＬが持つ驚異のバス力（ものすごいバスの知識）を駆使し、観光客やお困りの方に、ベストな乗り継ぎ・行き方をご案内するヘンタイ記憶パフォーマンス、京都人力交通案内「アナタの行き先、教えます。」である。

２０１７年の初夏のある日、我々は世界的観光都市・ＫＹＯＴＯの玄関口、ＪＲ京都駅へと足を向けた。案内の実施場所を決めるにあたって「京都駅でいいんちゃう？」とサラッと言ったのはＸＬさんだが、確かに京都駅には次の目的地へどう行ったらいいのか分からず困っている人が圧倒的に多いし、京都駅のような公共の場でこの活動をする場合、どこへ許可を取ればいいのか、そもそも許可が必要なのか、その確認もできるかもしれない。

しばらく人の流れを眺めていると「迷い人」（＝行き先や行き方を探す人たち）の多くは、バスの系統や主な行き先が表示された、最新鋭の電子掲示板とにらめっこをしている。「なるほど、ここだ」と思い、インターネットで購入した運転手風の帽子をかぶり、「交通案内実施中！」と書いたボード（日本語と英語バージョン数種類ずつ）をぶら下げ、掲示板の前に陣を構えてみたのだが、何だかうまくいかない。スムーズな案内ができない。なぜだろう？　それは迷い人のみならず、他ならぬQさんやXLさんが掲示板に惑わされまくったからだ。

表示されている情報はすでに頭の中へインプットされているにもかかわらず、掲示板があるばかりについついそちらに気を取られ、もう知っている情報を探し出そうとしてしまう。しかも、「間もなくバスが到着します」みたいなことまで表示されるので、「もう来る！　もう来る！」とか、余計なことまで考えてしまい、不必要に焦ってパニックになってしまう。総じて言うと、そこにいる誰もが掲示板頼りになって、何より大切にしている「生身のやり取りのおもしろさ」が削がれてしまう。「親切すぎるモノ」が「それがなくてもできるコト」を奪ってしまうという現象。なかなか深いな……とか思いながら、目まぐるしく情報渦巻く掲示板から少し距離を置いたところに場を移すことにした。

人の流れはなかなか読めない。思わぬ方向から、思わぬタイミングで行き方を尋ねら

上／「ここじゃなくてあっち」。のりば間違いを伝えるXLさん。　下／「迷い人」の大半は外国人旅行客である。

れるが、ＱさんやＸＬさんは手慣れたもので次々と的確な案内をささっとやってのける。なかにはトイレやＡＴＭの場所まで聞いてくる人もいるから、帽子というコスチュームが持つ効果は絶大だ。ちなみに僕が担っているのはふたりが繰り出す案内を専用の用紙に書き記し、迷い人にお渡しする、アシスタントのような役割である。

迷い人の半数以上は世界中から古都・京都を訪れた外国人観光客だが、割と曖昧な情報しか持たないままに迷っていたりする。ある人はものすごく英語が早口で非常に聞き取りにくかったのだが、「グッドビュー」「テンプル」「メニーメニースモールショップ」「アップ」「ヒル」等の言葉が聞き取れた（気がした）ので行き先を清水寺と断定。元気いっぱい歩いて行くと言うので、「アソコをストレイト！」「ゴジョードーリでライト！」等の英語を駆使し、完璧な案内をさせてもらった。清水の舞台から落っこちてなければいいのだが。

またある人は日本語が堪能で案内はしやすかったのだが、「２〜３時間で行って帰れるええとこな〜い？」みたいなノンビリ屋さんだったので、皆で相談の末、嵐山をご案内した。「どこそれ？　全然聞いたことないわ！」みたいな感じだったので良かったのではないだろうか。渡月橋から落っこちてなければいいのだが。

そうこうしているうちに姿を現しはじめたのは駅の警備員さんたちだ。代わる代わる、遠巻きに我々の様子を窺っている。勧誘でもない、宣伝でもない、もちろん営利目的でもない、恐らく「ただ親切をしているようにしか見えない」（事実、そうである）3人組にどうアプローチしたらいいのか、あるいはそもそもアプローチするべきなのか迷っている様子が見て取れて、この取り組みがグレーゾーン、何らかの境界線上にあることを僕は理解した。

その間にも、次から次に迷い人はやって来る。僕たちは変わることなく、困っている人に対してただ親切を繰り返しているだけなので、だんだんと警備員さんたちが「真の迷い人」になってゆく様子がちょっとおもしろかったが、周りをウロウロされるのは気持ち悪いし、何だか気の毒な気もする。そして「制服を着た人」（＝たぶんある種の「力」を威圧的に匂わす人）が近寄ってきただけで、ものすごく萎縮してしまっているQさんの様子もちょっと痛ましい。「これまで理不尽に頭ごなしに、ただ怒られた経験がたくさんあるんだろうな」というのは僕の勝手な想像だが、あながち間違っていない気もする。やっぱり気持ち良く正々堂々と活動したいと思い、警備員さんに話しかけてみた結果、「案内ボードは外す。帽子はファッションだからＯＫ」というよく分からない妥協点に落ち着いた。でもまだ釈然としない。境界線上にいるのはおもしろくもあるが、同時に気持ちの悪いことでもあるようだ。少なくともこの場合においては。

今度はこうした活動の許可はどこで取ればいいのか？と聞いてみると、近くにある管理会社のようなところを教えてくれたので早速向かってみることにした。担当者はすぐに、とても親切にいろいろなことを教えてくれた。我々が案内を繰り広げていた京都駅前の広場ひとつ取っても、権利を所有している団体が細かく分かれていること。ボランティア活動に使用するという想定がそもそもなく、イベント使用時の規約しかないこと。そしてその使用料がとんでもなく高額で、使うのは「行政」がほとんどだということ。

「困るんですよね～」と言っていた警備員さんは、僕たちの活動に対してというより、ルール外のことにどう対応していいのか困っていたようだったし、管理会社の担当者も僕たちの活動には理解を示しながらも、やはりどう扱っていいのか分からない様子だった。これでは僕たちも困ってしまう。「じゃあ、気持ち良く活動するにはどうすればいいですかね？」と尋ねてみたところ、市バスの案内に特化しているのであれば「京都市交通局」に相談してみては？という（恐らく）グッドアドバイスをもらうことができた。

「許可」という謎の、強大な力に縛られ、弾力を失ってしまった社会に心が白ける。そして世の中のあちこちに存在するグレーゾーンをどう捉えるかは、その社会が有する許容値（幅）を示す、ひとつの指標と言えるのではないだろうか。

さあ、どこへ向かうか？　京都人力交通案内。これからも臆することなく、境界線の向こう側に足を踏み入れてゆきたいと思う。

あさひるよる

あさはきらいです
ひるはあついです
よるはにがてです

あさひるよる／かなえ／2014

表現の枠を広げる「オレたちひょうげん族」

遠いアメリカで起こったリーマン・ショックによる景気低迷の影響からか、2008年当時、スウィングの中心的事業であった菓子箱の組み立て作業、そしてオリジナルのハーブ石鹸の製造がぱったりとストップし、「なんにもやることがない」という状況に陥った。が、「仕事しなくていいなんて、ああ素晴らしし！　ああ楽し！」とはあんまりならず、どちらかというと何とか「長い間《ま》」を持たせることに必死の日々を送っていた。散歩、映画鑑賞、テレビゲームなどいくつかのブームが巻き起こっては去ってゆく。そんなとき、グッとノートに顔を近づけて、力みすぎ！ってくらいに力強く色鉛筆を握りしめて、ふいにグイグイと絵を描きはじめた人がいる。かなえさん、その人である。

彼女がはじめた「絵を描くこと」は、その他の事々と同様、スウィング内で一大ブームとなった。愛想のない長机にA4のコピー用紙を置き、色鉛筆を走らせる人の群れ。しかし流行はやがて過ぎ去り、飽きてひとり、ふたりと去ってゆく。だが、かなえさんを筆頭に、いつまで経っても飽きることなく、延々と描き続ける人たちもいる。よし。仕事はないし先行きも不透明だし、そんなに好きなことならば、いっそ仕事にしてしまおう。こうしてスウィングの新しい仕事、芸術創作活動「オレたちひょうげん族」は生まれた。

何かあてがあったわけでも、将来的な見通しがあったわけでもまったくなく、まさに見切り発車ではじめた新たな試みである。が、徐々に「僕も、私も」という参加メンバーが増えてゆき、詩やコラージュや何かよく分からないものにまで表現の幅も広がり、そこから生まれたアートグッズが全国各地のお店で販売され、定期的に展覧会を催すようにもなった。そうして地道な10年の歩みのうちに「オレたちひょうげん族」はスウィングの中心的事業に成長し、その歳月とともに、発端の人、かなえさんの表現は変わり続け、彼女自身も変わり続けてきた。

色鉛筆で乱雑に描かれていた花や動物たちは、やがて丁寧に丁寧に、可愛く美しく描かれるようになった。ふいに色鉛筆を力強いマジックに持ち替えてからは、隠しきれない毒気のようなものが作品に現われはじめ、さらに細い線のカラーボールペンを使うようになってからは、派手な色が何重にも折り重なった、サイケデリックで目が回るような世界が出現した。そして今、彼女はデビュー以来（つまりそれほど売れてない頃から）熱狂的なファンであり続けている「氷川きよし」と、色とりどりに描いたスイーツを切って貼ってコラージュしまくっている。

「表現されたもの」に優劣がつくことはあるだろうが、「表現すること」自体に優劣などない。でも、そもそも表現することとは一体何なのだろうか？　絵画とか音楽とか演劇とか、「目に見える『表現らしきもの』を残すこと」がそれと同意なのだろうか？

たとえば誰かと交わすただのお喋りだってひとつの表現だと考えてみたら、その敷居はグッと下がるし、どれだけしょうもなくてもいいから「これが私の表現！」と言えるものを身につけることは、人ひとりが生きてゆく上で大きな支えになる。緊張や気後れが激しく、大勢の人の輪の中に入ることさえ難しかったかなえさんは今、朝礼や終礼で「今日はバスで帰ります」だとか「今度の休みは買い物に行きます」だとか、毎日同じようなことをにこやかに語り、かつてはスウィング内のある場所から別の場所に移動することさえ難しかったのに、終礼後にはバスを使ってひとりで自宅へと帰っている。

僕は彼女が描き出す表現よりも、むしろそんな姿に心動かされる。朝礼や終礼で発言し、バスに乗ってひとりで帰るというシンプルな営みの中に、何かとても大事なこと、小さな希望の光をさえ見る気がし、この姿に勝る表現なんてないんじゃないかと思う。それらしいちっぽけな枠に押しとどめず、自分や他者の生き様そのものをかけがえのない表現として見つめられたならば、目の前に広がる世界は、さっきより少し色鮮やかに、優しく映る気がする。表現することって素晴らしい！なんて手放しに賛美するような勇気はまだないが、でもやっぱり素敵なことだなと、日々しんしんと感じる。移りゆく世界の中でたぶん変わらないこと。表現は変わる、人は変わる。

上／うねる波サイケデリック／かなえ／2015　下／Delicious Sweets Ⅳ／かなえ／2018

Swingとは

オラSwingとはなにか。
それは、
自由気まま。
天使らんまん。
なんでもありの、
場所であり。

好きな時に、
仕事をして、
お金をもうけたり。
もうけなかったりする。
所である。

Swingとは／Q／2017

脱出！　いつも何かをしなければいけない感じ

たとえば野生の動物は傷を癒すために、ただじっとしているのだという。たとえば「脳を空っぽにしたい」と願い続けるミサさんは休みの日に、何をするでもなく、ただ自分の部屋でぼ〜っとしているらしい。たとえばかなえさんは、スウィングの多くの人がトランプやＵＮＯに盛り上がっている昼休みに、ただ椅子に座って足をブラブラさせていたりする。

野生動物とミサさんやかなえさんを並べるのもどうかと思うが、僕にはこのように時間を過ごすことがなかなかできず、「いつも何かをしなければいけない感じ」に囚われている。これは、多くの現代人が罹患している「病」のようなものではないだろうか。

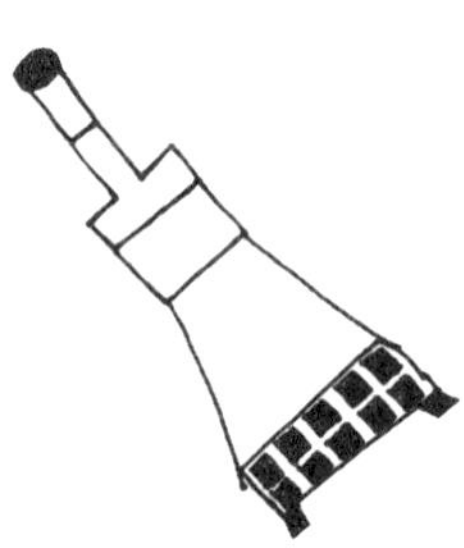

1度しかない今日、1度しかない人生、時間を無駄にしないでさあ、学んで働いて買って遊んで楽しんでと、情報の洪水に急き立てられる。多動で生産的であることが良いとされ、たとえば「休日は寝て過ごす」という人には憐みの目すら向けられかねない。学校も仕事も「正当な理由」なく休むのは悪いことをしているような気がして、風邪を引いて熱が出なければ、頭痛がひどくならなければ、有給すら取りづらい。「疲れている暇なんかない！　前へ前へ！　上へ上へ！」と追い立てる空気が、「何もしないこと」を許してくれない。

その一方でせっかくの休日に「ただぼ〜っとしている」ミサさんの、せっかくの昼休みに「ただ足をブラブラさせている」かなえさんの、「尺の使い方」のなんとゴージャスなことだろう。無駄、無駄、無駄。そこにはきれいさっぱり、ゴージャスな無駄しかない。けれどそんな「何もしない時間（何もしていないように見える時間）」が人を休息させたり回復させたり、メチャクチャ大切なのだと思うし、ふたりが柔らかに発しているのは「せっかく生まれてきたのだから」という強迫的な押しつけではなく、「どうせいつかは皆、死ぬから安心して。ね？」という、ついつい忘れがちな真実なのかもしれない。

……てなことを考えているとQさんが最近書いた大量の詩を見せに来てくれて、そのなかのひとつに冒頭の「Swingとは」があった（「天使らんまん。」て！）。ありがたい、ものすごいタイミングで放り込んでくれたものだ。そうだそうだ、僕はこういう場所で仕事をしているんだった。先日ある人に「最近、何してるんですか？」と聞かれてうまく答えられなかった自分をちょっと情けなく感じたりしたのだが、そうだそうだ、生きてるだけで丸儲け、別に何もしてなくたっていいのだ。そう言えば向井さんの詩に「いや」という作品があった（左）。

いんや〜、脱力っぷりがすごい。力を入れるほうじゃなくってこの脱力こそが、人それぞれの在りようをいい感じにすることを実感してきたし、そうだそうだ、スウィングは「いい大人が安心してこんな詩を書ける場であること」をずっと大切にしてきたのだった。こういうすぐそばにある大切なこと、ときどき忘れてしまう。でも、ちゃんと思い出せて良かった。「いつも何かをしなければいけない感じ」、脱出成功。

いや
いや、いや、いや
もう、いや
なんにも、したくない
ぜんぜん、やるき、
でない!
もう、はなたらして
てれーと、してたい!

いや／向井久夫／2016

はだか

世界中の人たち
なんで服を着てるの？
全部ぬいで
はだかになろうよ

はだかになって
輪になっておどって
笑いながら
転がろうよ

はだか／増田政男／2016

ケツの穴の小ささについて または個人のスマホを職場で充電してはいけないのか

オーストラリアの巨大岩石「ウルル」(エアーズロック)は、「世界のヘソ」と言われている。じゃあ、「世界のケツの穴」はどこなのだろう。分からない。分からないがなんとなく最近、世界のケツの穴が小さくなってきているな……と思うことが多い。それはもちろんいい感じではなく、非常に息苦しい、居心地の悪い感覚である。

ある日のスウィング、終礼の時間。誰でも、どんなくだらないことでも言っていい(言わなくてもいい)、いつもの空気感の中で、いつものように裕仁《ゆうと》君がひょいと手を上げて「じゅうでんして、すみませんでした!」と言い、ぴょこんと頭を下げた。

２０１５年春。平均年齢40歳弱のスウィングに若い裕仁君はやって来た。彼は言葉を発することがあまり得意ではなく、最低限の日常会話くらいしかできず、また滑舌もよくないのでその内容がうまく相手に伝わらないことも多い。が、初めて聞く彼の「謝罪」の言葉ははっきりと聞き取れたし、それはいつもの「昨日の晩、何食った」とかいう、眩いばかりにどうでもいいことではない。軽く受け流すわけにはいかない。

その日の昼休み、スウィングのある場所で、裕仁君は自分のスマホを充電しようとしたらしい。するとそばにいた人たちから「アカン！」「ダメ！」、そうした注意や叱責の集中砲火を受けたらしい。僕がその何分後かに事情を伝え聞いたとき、頭ごなしに四方八方から責められたことが悔しかったのだろうか、裕仁君は黙り込んで怒っていた。「スマホの充電くらいえええんちゃうん」とかいう意見はひとつもなかったのだろうか。結論を急がず、ちょっと立ち止まって考える人はひとりもいなかったのだろうか。僕はシンプルに「何てケツの穴の小さい話だろう」と思いながら、「電池なかったら困るもんなあ」と彼のスマホを充電した。ええやん、ええやん、これくらい。こんなん、誰にでもあることやろ。……だがその数時間後、彼は不特定多数の、顔の見えない大勢に対して一方的に頭を下げ、しおらしく謝ったのだ。

「職場ですべきじゃないっぽいこと」に対する即時的かつ大多数かつごもっともな正義に力技でねじ伏せられたのか。あるいは裕仁君自身が「みんなの言う通りだ」と思い直したのか。僕はショックを受けながらも「スマホの充電がいけないのなら電子レンジを使ってお弁当を温めている人は？　ガスを使ってカップ麺のお湯を沸かしている人は？　電気を点けて化粧直しをしている人は？　ロッカーに私物を入れている人は？」等々並べ立て「良いか悪いかはスウィング中のコンセントが充電器で埋め尽くされたときに考えればいい。問題になる前から問題視するのは良くないのではないか」という私見を述べた。けれど1度、激しい正義の鉄槌を食らってしまい、また言葉の理解もしにくい裕仁君の中には「スマホの充電、アカン！　ダメ！」といった単純明快な回路が残ってしまったようだ。事実、この後もしばらくの間、「スマホ」という言葉を聞くだけで、彼の表情は薄曇るようになってしまったのである。

目の前にあるのは常に歴史上初めての風景であるはずなのに、「善」か「悪」か、「公」か「私」か、すぐに白黒をつけたがる風潮が蔓延している。個人による殺人は圧倒的な悪であるのに、国家による大量殺戮は正当化されたりする、そういうデタラメな、グレーだらけの世界に僕たちは生きているというのに。テレビを点ければ1度の失敗を犯してしまった人への大バッシングが執拗に報じられている。問題をこれでもかと拡大し、問答無用の正義によって、問答無用の悪を、問答無用に押し潰さんとする光景には、「自分も失敗するかもしれない」という想像力の欠如というより、「失敗すること」に対する過大な恐れが満ち満ちているように見える。いずれにせよ、そこにあるのは人間という不完全な器の度量をはるかに超えた、「失敗は許されない」という誇大妄想であり、大いなる勘違いである。

違う。人間はちゃんと、失敗するようにできている。

「ケツの穴の小ささ」とは、他者に対する、ひいては自分自身に対する不寛容さと言い換えることはできまいか。スマホの充電ごときで誰かが死ぬわけではないし、誰かの1度や2度の失敗が、世界を破滅させたりもしないだろう。安易に振りかざすケツの穴の小さい正義や正論は、結果的には自分自身の首を絞めてゆくことになる。誰かに対して禁じたことは自分自身にとっても禁じ手となり、その反対に誰かに対して投げかけたOKは、きっと自分自身の何かを赦し、少し呼吸をしやすくさせてくれる。

もう腐るほどルールは用意されているし、皆十分に頑張っているのだと思う。だからNGやアウトや過剰なリスクマネジメントではなく、ケツの穴を輝く太陽のほうへと向け、思い切って拡張し、OKやセーフや「よっしゃ！　今から失敗するぜ！」「よ！　ナイス失敗！」といった寛容さや余白を、テレビやインターネットやどこかの遠い国ではなく、目の前を通り過ぎてゆく景色の中に増やしていきたい。それでダメなら引き返し、また清々《すがすが》しくやり直せばいいのだから。

青空／杉本裕仁／2016

ケツの穴を太陽に・1

最後にひとつだけ言わせて

会議中、トゥルルル鳴り響く電話に出たのはスタッフの西川君だった。

相手はとっくに家に帰ってくっちゃくっちゃ何か（きっとお菓子だろう……）食べてるQさんである。Qさんはまったく自由気ままに電話をかけてきやがる。こちらから電話をかけるとめっちゃくっちゃ面倒臭そうにするくせに、自分からかけるときにはクソ忙しいのにどうでもいいような話（人の悪口とか、分かりきっている翌日の予定とか）を延々と話すのだ（明日どうせまた会うんだからそんとき話せばええやないかい!）。

西川君、「はいはい、うんうん」と適当に相槌を打ちながら、慎重に電話を切るタイミングを窺う。「分かった、分かったし、また明日スウィングで聞かせてよ。それじゃ……」。

絶妙の間を見つけ、シメにかかろうとしたそのときだった。まだ話し足りないのか、Qさんがこう粘る。

「最後にひとつだけ言わせて!」

なんと。まるでドラマのようなセリフではないか。いち早く会議に戻りたかった気持ちが見事に引っくり返されたではないか。興味津々「いいよ」と返した西川君に、Qさんは誇らしげな口調でこう言い放つ!

「さっきシャワーでお尻だけ洗ったんや。パンツがちょっと汚れてたもんでな」

ほんっとにすごいな、キミ……。前半も後半もキレ味がえげつないやないか。むしろこれ、「ひとつだけ誰にも言いたくないこと」ちゃうの?

今日はお風呂に入る日じゃなかったんやね。それなのにシャワー浴びた自分が誇らしかったんやね。でも、なんでお尻だけなん？　そっちのほうがいろいろ面倒臭くない？「パンツがちょっと汚れてた」て。なんでそこ胸張って言えんの？　なんでそんな堂々としてんの？

「……それは……すごいな」

　絞り出すように言った西川君に、Ｑさんは「まあな」と静かに返し、そっと受話器を置いたのだった。

ＸＬの好物

　ＸＬさんに好物を聞いてみる。どうせ「知らん」とか「分からん」とかいつものように雑な答えしか返ってこーへんのやろうけど。

「唐揚げや！」

　お、めっちゃ投げやりな感じやけど、ちゃんと答えた。珍し。でも、ほんまに唐揚げかあ？　しつこ行ったろ。

「唐揚げとカレーライスは？」

「唐揚げや！」

「唐揚げとハンバーグは？」

「唐揚げや！」

「唐揚げと焼き肉は？」

「………」

「焼き肉やん！　完全に焼き肉やん！　じゃあ、唐揚げと餃子は？」

「……両方」

「子どもか！　両方はなし！」

「餃子や！」

「餃子なんかい！　じゃあ、焼き肉と餃子は？」

「焼き肉や！」

　全然、唐揚げちゃうやんけ！　焼き肉、餃子、唐揚げの順やんけ！

こわい物

高い所
おばけ
ジェットコースター
死ぬ
虫
動物

とうにょう病
しぜんさいがい
ようかい
どくの生き物
武器
大けが
いやな夢
人間

こわい物／Q／2012

無縁社会を生き延びる術

「定期失くしたから今日スウィング行けへん。たぶんうちのトイレに流してしまったんやと思う」

朝っぱらから電話の向こうで泥のような声を出しているのはQさんである。彼は、スウィング皆で出かける旅行が楽しすぎて、旅行後、その反動から「燃え尽き症候群」のようになり半年くらいスウィングに来れなくなったり、足の裏が汚れているだけなのに「足が腐っているかもしれないから休む」と言ってみたり、「仕事より大事なものがあるんや！」と仕事を休んで映画の前売り券を買いに行ったり、ハチャメチャな言動から常に目の離せない人であるが、その一方で「オレたちひょうげん族」や「京都人力交通案

ウインナー20本顔／Q／2013

内」等、スウィングの様々な仕事を中心的に牽引する人物でもある。なかでも「好きな色は?・」「好きな武器は?・」「好きな動物の尻尾は?・」等の自由すぎる質問を投げかけながら、その答えを即興で組み合わせてモデルの顔を合体メカに仕立て上げるという型破り似顔絵「アナタのソノ顔、メカにします。」は、老若男女を問わず大人気である。

さて、話を戻す。まず、Qさんの言う「定期」は定期乗車券ではなく、障害者手帳の一種である「療育手帳」のことだが、ここ京都では提示すると市バスも市営地下鉄も無料で乗れちゃうことから、「定期」と呼んじゃう人が少なくないのはおもしろい。で、ソレはソレとしてトイレに流した？　アレ、トイレにそんなスムーズに流れるか？　まあ、何にせよ失くしたままでは困るだろうから、再発行手続きのため、区役所に行かなければいけないよね。ね？

「失くしてしまったから区役所まで行く定期がない。だから行けへん」

何をメチャクチャなことを……。当たり前だ。失くしてしまったのだからないに決まっている。区役所まあまあ近いんやから歩いて行くなり、それがイヤなら230円払ってバスに乗って行くなりしなはれや。「う〜ん」と唸り声を上げ、黙ってしまうQさん。なぜ？　なぜや？　失くしたんやろ？　仕事休むんやろ？　再発行せな困るやろ？　……ていうか、本当はただ、区役所に行くのが面倒臭いだけなんやろ？　僕は「どうするか自分でちょっと考えて」と言って（むしろ自分のイライラを抑えるために）一旦電話を切る。そして1時間ほど経った後、再び電話のベルが鳴る。

「定期、うちにあった。今からスウィング行く」

あったんかい！　ウンコといっしょに流してなかったんかい！　そんなことやないかと思ってたけど！　まあ、でも、良かったやん……。そうしてさらに1時間後、スウィングに現れたQさんに対し、「電話くれるんはええんやけど、ちゃんと探してからにしてくれへん？」と心の底から丁重にお願いをする。すると「心外だなあ」みたいな表情を浮かべ、彼はこう言う。

「ちゃんと探してから電話かけたで。探してないところを探したら見つかったんや」

このメチャクチャな論理に、遂に僕は負けてしまう。笑いがこぼれ、わだかまった苛立ちがほどけてゆく。何が何だか、何が何だか分からないけれど、僕はこういう煩わしさが案外嫌いではないのかもしれない。

さて、あなたはこの、Qさんと僕との間に起こった些末《さまつ》な日常の断片を、微笑ましく眺めていやしないだろうか？

Qさんからの電話は迷惑千万の場合がほとんどだし、毎度イライラさせられるのはたまったものではない。けれど僕たちはこんな「どうでもいいようなこと」を人の迷惑も顧みず、平気で相談することができるだろうか？　迷惑をかけずに生きることなんてできない、人はお互い様で生きてゆくものだ、と頭のどこかでは分かっていても、世にはびこる「迷惑をかけてはいけません！」という強力な「呪い」に縛られ、「自分の力だけではどうしようもないこと」までひとりでどうにかしようとしたり、心の身動きが取れなくなってしまっている人がとっても多いのではないか。恐らくその呪いを乗り越え、人に迷惑をかけることには「慣れ」のようなものが必要なのだろう。

これまではうっかり自分だけで頑張っちゃったり、悩んじゃったりしていたことを、恐れず他者に開示し、迷惑をかけ慣れてゆくということ。人ひとりの力などたかだか知れているし、自分の足だけでは立てないことだってある。そんなときには誰かの肩を借りればいいのだという回路と安心感を、辛抱強く自分の中に育んでゆくこと。自然の中で精霊と語り合いながら、孤独に生きることができるような強者は別として、我々、多くの凡人たちにとってそれは「無縁社会」とも言われるこの社会を生き延びてゆく上で、かなり重要な力になるような気がする。

しかしながら人は抱え込んでしまったものが大きければ大きいほど、自分を開けなくなってしまいがちだ。しかも現代はＳＮＳのような、人と密接に繋がれるようで、実は人間臭いコミュニケーションが排除されたツールが発達してしまっている。だから、まずは「今は忙しいかもしれない」とメールで済ませていたことを電話で話してみたり、「無駄な時間を使わせるから」と電話で済ませていたことを実際に会って話してみる。煩わしいと感じるかもしれないが、そんなところからはじめてみてはどうだろうか。

「人に迷惑をかけること」とは、「人とのあいだに煩わしさを生むこと」とも言える。が、この煩わしさとは決して悪いものではなく、僕はブツブツ文句を言いながらもＱさんからの迷惑テレフォンを内心さほど嫌がってはおらず、それどころか彼の抱えた問題を真剣に考えることで心身がシャキッとすることもある。もっと正直に言えば、心の片隅で歓迎している節もある。そしてこの煩わしさこそが、インターネットやＳＮＳなど、多くの便利すぎるものによって僕たちが知らず知らず失ってしまった大切なもののひとつであり、人ひとりがようやく手触りを持って生きられる「縁《よすが》」のようなものだと感じるのである。

ここでもうひとつ、例を挙げてみよう。僕の携帯電話の着信履歴は、偶然オスカー俳優に似て生まれてきてしまった男、スウィングのアンソニー・ホプキンスこと「日下部尚史」（通称：ひーちゃん）の名で圧倒的に支配されている。これだけ書くと、僕がしょっちゅうひーちゃんと電話で話しているように思われるだろうがそうではない。「日下部尚史」が並んでいるのは通話履歴ではなく着信履歴オンリー、つまり僕と彼は「電話で話したこと」はこれまで1度もないのである。きっかけはまるで分からないのだが、1～2年前から彼は謎のワンコールを毎日1回、だいたい18時30分から19時30分のあいだに鳴らすようになっていて、必ずワン切り、絶対に2回は鳴らさない。僕が「もしもし」と電話に出る暇は決して与えないが、「かけたよ」という痕跡は確実に残すという気持ちの悪い妙技……。

ひーちゃんこと日下部尚史。かつて「迷子」になり全国手配されたことがある。

たぶん彼は、僕が「嫌がる／許容する（おもしろがる）」ギリギリのラインを攻めてきているのだろう。「絶対に1回で切る」という規則性にはある種の礼節のようなものすら感じるし、毎夕ワンコールの一瞬、「はい、ひーちゃん」と彼の顔を思い浮かべることに悪い気はせず、むしろほんの束の間、笑えたり心がほころぶ（が、「ほんの束の間」以上はムリ）。

不思議なことに僕と彼は、互いに1度もこの件に触れることなく、毎日スウィングで顔を合わせ続けている——別に2人だけの秘密にしたいわけではない。現に僕は今、世界に向かってこれを書いている——。なぜそんなことをし続けるのか、その真意は測りかねるし、彼自身にも分からないんじゃないかと思う。でも恐らくそれは彼にとってはすでにとっても大切なことで、メチャクチャ大袈裟に言えば、「今、生きてるよ〜」という超高速安否お知らせのような気がしないでもない。実際、たま〜にかかってこないときには「あれ？　ひーちゃん大丈夫かな？」とついつい心配な気持ちになってしまう（が、たぶん大丈夫だろうから僕からかけることはない）。

想像してほしい。世界が破滅してしまうほどの何事かが起こり、生き残ったとする。草木は枯れ果て、建物は倒壊し、自分以外に誰かが生きている気配はない。それでも、そのときあなたが最も渇望するのは、生き残った他者の存在ではないだろうか。生まれも育ちも趣味も嗜好も違う、つまり自分とは絶対的に違う他者と関わるということは、濃淡の差こそあれ、何らかの煩わしさを伴うものである。それでも繋がろうとするのが人間の性《さが》なのだろうし、簡単に言えば人は皆、ひとりでは寂しいのだと思う。ひーちゃんが世界最後のひとりになったとして、そのとき彼の手に携帯電話があったならば、やっぱり僕の携帯をワンコールだけ鳴らすのだろうか。それとも僕が出ることを信じてコールし続けるのだろうか。

「人に迷惑をかけること／人とのあいだに煩わしさを生むこと」。その頻度も方法も人それぞれで、たとえばひーちゃんと僕の場合は、携帯のワン切りというものすごく独特な方法を採用し、今とこれからを生きてゆくための小さな縁としているのだろう。ちなみに僕には毎週火曜の午後8時ピッタリ、かなえさんからも電話がかかってくるのだが、これは途絶えることなくもう15年ほど続いている。

ひらめき

なにか、おもって、
かこうとしたが
わすれてしま
った。

ひらめき／向井久夫／2016

不健康に生きる権利

向井さんは「たばこが高こうなってしゃあない」といつも愚痴りながら、安いたばこをおいしそうにくゆらす愛煙家である。

先日聞いて驚いたのだが、彼がたばこを吸いはじめたのは「お母さんのすすめ」がきっかけだったという。恐らく数十年前の話なので社会背景も今とは大きく違ったのだろうが、それでもたばこを母親が我が子に勧めるというのは珍しいケースだったのではないだろうか。お母さんが愛煙家だったわけでもないし、たばこ産業のドンだったわけでもない。彼によると、お母さんのすすめとはこのようなものであったらしい。

「たばこ吸うたら一服できるやろ？　僕は何にでもカーッとなってしもて途中でブレー

キがきかへん性格やから、ホッと一息つく時間作るために吸いなさい言わはったんや」

良し悪しは別として、僕にはこの意味がよく分かる。よっぽど意識をしないと、無限に生まれ続ける仕事の手を休めることって案外、難しい。心身の疲労がいつの間にか蓄積し、気がつけばヘトヘトになってしまっている……。いつまでも自己管理が苦手な僕はこのパターンに陥ってしまうことがままあるからだ。

不当なまでの嫌煙ブームは相変わらず、どこもかしこも健康、健康とうるさい世の中である。けれど健康の尺度をどこに置くのかなんて、本当は人によってそれぞれ違う、とっても微妙な話だし、時代に真っ向から逆行するかのようなこのエピソードには、凝り固まった健康志向を心地良く弛緩させてくれる力がある。昔、向井さんが「いそがし、いそがししてたらあかん。1日に1時間くらいはぼーっとせなあかん」、そんなふうに僕を諭してくれたことを思い出す。彼と彼のお母さんの姿が、ぼんやりと重なって見える。

社会通念上、愚かしいことであっても、人にはそのような行為をする自由があり、誰からもその行為を邪魔されずに生きる権利がある。これを「愚行権」と言うのだそうだ。

健康を志向することがその人の権利や生き方のひとつであるとすれば、「不健康」を志向することだってまた然り。誇り高き愚行権を胸に、自分の健康に……いや、自分の不健康に対してくらい、もっと自由でいたいものである。

Tバック

一まい一まい
服を脱ぎすてて
一まいだけのこして
ふつうに近所をあるきたい

Tバック／増田政男／2014

親の年金をつかってキャバクラ

スウィングに増田政男さんという人がいる。彼はとにかくお金の管理が苦手でひどい浪費癖があって、自分のお金だけでは飽き足らず、同居する母親の年金にまで手をつけ、京都の繁華街に乱立するキャバクラ通いを繰り返していた。そしてそこでは複数の偽名を使い、職業を詐称し、自分ではない誰かになりきっていたという（「龍」というベタにカッコ良いっぽい名前を好んで使っていたのが増田さんらしいが、龍の職業は一体何だったのだろう）。

この愚かな行為について、彼がその当時から武勇伝のように笑って語っていたわけではない。彼は別人（主に龍）となって豪遊した一夜の夢の後、決まって激しい自責の念に囚われ、ときには数カ月にわたって家に引きこもるという悪循環に、何年も何年も苦しみ続けていたのだ。この魔のサイクルから脱するまでには、本当に本当に壮絶ないろいろがあったのだが、数年前、警察も絡むような事件を引き起こしたことをきっかけに、僕は遂に、努めて晴れやかに増田さんへ提案した。何もかもオープンにしましょう、できないことはできないと諦めて、もう笑って話しましょうと。結果として彼は母親と離れて暮らすこととなり、また、あればあるだけ使ってしまうお金の管理を他者に委ねきり、つまり自らのどうしようもない「弱さ」を受け入れ、手放し、ようやく穏やかな暮らしを手に入れたのである。

こうしてずっとずっとオブラートに包まれ、腫れ物に触るように扱われてきた増田さんのお金にまつわる問題は、スウィングの誰もが当たり前に知るところとなった。また、もう強がったり何かを隠す必要のなくなった安心感からか、彼の表情は憑き物が落ちたように明るくなり、ひどい年には30％だった出勤率は100％にV字回復した。そして今、彼は――かつては緊張のため、見知らぬ人が1人来るだけで仕事を休んでいた彼は――スウィングにたくさんやって来る見学者にまで、超ド級の失敗談の数々を自慢げに話したりしている（「まだその話は早いです！」と何度か止めたこともある）。

　増田さんは確かに変わった。けれど今だって彼の弱さには何の変わりもないし、彼のひとり暮らしには多くの他者が関与している。スウィングには元気なときの彼の意思によって、「ちょっとしたつまずきにドヘこみして引きこもった場合」の救出用に自宅のスペアキーが預けられているし、お金の管理を委ねている居住区の社会福祉協議会には、週に1回、1週間分の生活費を受け取りに行っている。そして調理と掃除のサポートのため、週に2回ホームヘルパーが彼の部屋へとやって来るのだが、その際の彼の行動がちょっと、いや、ずいぶんと変わっているのだ。

　ヘルパーの来訪前、決まって彼は部屋を片付け綺麗にし、ときには料理の下ごしらえも済ませておく。そして空調もバッチリ快適な状態でヘルパーを迎え入れ、さらにはヘルパーが買い物に出かけている隙間時間を縫ってお風呂とトイレの掃除までしてしまうというのである。増田さん曰く、「ヘルパーさん大変なんで、できるだけ仕事減らしたいんですよ」。対して「助かってます」とヘルパーさん。そんなわけで僕はいつの頃からか彼のことを、敬意を込めて「ヘルパーのヘルパー」と呼ばせてもらっている。

「いやいや、そんなことならヘルパー要らへんやん!」と思う人もいるかもしれない。しかしながら増田さんは、ヘルパーが来るからこそ、そしてヘルパーという仕事が大変だと思うからこそヘルパーのヘルパーに身を転じ、自分ができることを、できる範囲で(けれどMAXで)しているのだ。もしこうしたきっかけがなかったならば、手が付けられないほどに住処を埃まみれにし、心を内へ内へと閉ざして生気を失ってしまう増田さんという人を、僕たちも彼自身も痛いほどによく知っている。彼に2人の成年後見人(司法書士と弁護士)がいるという事実がその証左になるかどうかは分からないが、少なくとも増田政男という人の、非常に見えにくい「生きづらさ」を知る手掛かりにはなるだろう。恐らく彼にとっては、「定期的に他者が訪れること/関わること」がこの上なく大切なのであり、そしてその他者が家族でも友人でもなく、接する時間も距離感も絶妙にちょうどいい「ヘルパー」であることも重要なポイントなのだと思う。

真剣 清潔
親の年金をつかってキャバクラ
by まさお
人生ゲーム

「親の年金をつかってキャバクラ」

増田さんが大きな半紙に筆でしたためたこの言葉は、いつの頃からかスウィングに堂々と飾られ、日常の風景となっている。そしてこの言葉を目にしたほとんどの人がシンプルに、呆れたように、あるいはニヤニヤと笑い、なぜか心を緩ませている。けれどこの言葉の裏に、彼の深い苦しみや悲しみを見てとる人は一体どのくらいいるだろう。

この世の中を生きてゆくにはもちろん「強さ」も必要だ。だが、その裏側には必ず「弱さ」がある。誰にだって、多かれ少なかれ、そして様々に。そのことに目を向けず、ひたすら強さばかりを求める社会を僕は憎む。勉強が、仕事が、要領良くできなければ落伍者なのだろうか？　恋愛が、人付き合いが、うまくできないと負け組なのだろうか？毎日は、人生は、楽しまなければ意味がないのだろうか？　いい大人が「助けて」と、「もうダメだ」と両手を上げ、子どものように泣きわめいてはいけないのだろうか？

強い自分こそが他者に、そして社会に認められる価値があると教えられ、互いに強さばかりを見せ合い、そんな自分を失うことに怯え続けなければならないこの社会に、一体誰が安心して身を委ねることができるだろう。

大阪・釜ヶ崎で「ゲストハウスとカフェと庭　ココルーム」を主宰する上田假奈代さんの言葉を借りるならば、僕たちはポップで愉快なアート集団のふりをして、またあるときは環境美化団体のふりをして、誰もが安心して、それぞれに弱っちろい、ありのままの自分で生きられる、そんな場所づくりを懸命に続けてきたのだと思う。

これからもスウィングは走り続ける。中指を突き立てて、アッカンベーをしながら戦い続ける。けれど僕たちは恐れない。なぜなら僕たちがゆらゆら揺らすブランコ（＝Sw-ing）を強く支えているのは、無敵の弱さなのだから。

弱さ。それはほとんど強さと同義である。

ハチ退治

家に大きなハチが出たとき
沼田さんが助けに来てくれました
沼田さんが到着する前に
窓からハチは出て行ったけれど
とても心強かったです
沼田さん　あのときはありがとう

ハチ退治／たなかこまり／2016

まともになりたい男

スウィング設立前に勤めていた福祉施設の同僚であり、設立メンバーのひとりでもある沼田亮平。けれど事業開始当初、ほとんど資金的な裏付けのなかったスウィングに彼を雇う余裕はなく——当時、リジチョーである僕の「月給」ですら千円を下回っていた——彼は時間を見つけてはスウィングに顔を出し、共に働ける日々を夢見ていたのだった。

そんな沼田君がスウィングで働きはじめたのは、運良く、あるいは努力の甲斐あって行政からの補助金交付が決まった2007年4月、設立2年目の年からである。予想より早いタイミングで迎え入れることができ、「また一歩前に進んだなあ」と感慨に浸ったのも束の間、僕はひとつの事実を痛烈に突きつけられることになる。それは彼の極端なまでの不器用さである。

え、こんなにも口下手で、こんなにも仕事の要領が悪い男だったの？　ほんでなんでいっつもバタバタパニくってんの？　前の職場では職場自体の環境があまりにもひどすぎて彼の力に目を向ける暇などなかったし、僕も当然今よりずっと若く、いろいろな意味で余裕がなかったこともあるだろう。けれどひとりの力が大きく物言う小さな職場において、この不器用な四六時中パニクり男を一体どう活かしてゆけばいいのか。彼のことばかり考え、眠れぬ夜を何度過ごしたことだろう。口を開けば彼の愚痴しか出ない酒を何度飲んだことだろう。もちろん当の本人も（眠れなかったことはないらしいが）深く悩んだ。できない自分に真摯に向き合い苛立ち、拭いきれない自己不全感を身にまとい続ける苦しい日々を送った（はずだ）。

その一方で彼はスウィングの誰からも愛された。笑顔のQさんに常にボコボコに殴られていたり、誰しもが持つやり場のない感情を、（彼にとってはまったく身に覚えのない）怒りとしてぶつけられる標的になったり、落ち着けば何てことないことを不必要に慌てふためく様子をたくさんの笑顔で見つめられたり。当人にとっては少々分かりにくかったかもしれないが、とにかく皆に愛され続けてきたことは疑いようがない。しかしながら、それだけでは仕事も組織もうまく回らない。僕は注意深く彼を見つめながら、時間をかけてスウィングの仕事と重なる部分を探し続けた。

たとえば、子どもと交流するときの彼はいつも本当に楽しそうな表情を浮かべている。毎年秋、仲良くしている京都市左京区のフリースクール「わく星学校」の運動会で必ず行われる、ジェスチャーゲームでの演技力には光るものがある。あるいは追い込まれたときに見せるやけくそ気味の瞬発力には、たくさんの人を笑わせる力がある。そうして少しずつ、ワークショップやゴミブルーやイベントでの寸劇出演など、子どもを楽しませる仕事を担当するようになった彼は、その本領を眩いばかりに発揮しはじめ、文字通りスウィングになくてはならない存在となったのである。……にもかかわらず、当の沼田君は相も変わらず眉間にしわ寄せ、難しい顔をし続けているではないか。一体どうして？

　そう、彼は自分の長所には目を向けず、できないことができるようになることをいつまでも追い求めているのだ。確かに苦手を克服したいという気持ちや心意気は大切だと思うが、もうこれまで十分に悩み、頑張ってきたではないか。そもそもこの社会の隅々にまではびこり、恐らく多くの人を苦しめている「できること＝良いこと（素晴らしい）」「できないこと＝悪いこと（ダメ）」という価値観って一体何なのだろう。ホント何これ、教育？　マジで意味分かんない。できることはただできるだけ、できないことはただできないだけ、良い悪いでもないし、それ以上でも以下でもない。これじゃいけないんだろうか？


「ええ加減『まともに』できるようになりたいを捨てて、自分自身の『らしさ』に賭ける勇気を持て」

　つい最近、彼に投げかけた言葉だ。苦手なことはもうさっさと諦めて、開き直って得意なことを精一杯やり続けてほしい。そしてこれこそが、できるようになることへの出発点なのだから。何かに固執し続けることは力みを生み、それは知らず知らず視野を狭め、思考と行動を委縮させ、結果としてこれまで通りのできない自分をループさせてしまう。反対に「もういいや！」と爽やかに諸手を挙げたとき、心が軽くなって見えなかったものが見えてきたり、頭が柔らかくなって新たな発想が浮かんできたりするものだ。眠れない夜に寝よう寝ようと焦ると、余計に眠れなくなったことあるだろう？　眠れなくたって死ぬわけじゃないと余裕ぶっこいたら、逆にぐっすり眠ってたことあるだろう？

ああ、こうは言っても眉間にしわ寄せ頭を抱え、悩み続ける姿がありありと目に浮かぶ。少し気の毒な気もするが、この泥沼のような生真面目さこそが、他ならぬ「沼田亮平らしさ」なのだろう。

座談会

まともになりたい男を掘り下げる

「永遠のリストラ候補」と呼ばれながら、スウィングで唯一無二の輝きを放ち続ける男がいる。その男、沼田亮平。この、自己評価が極端に低い、ただの男に徹底して向き合うことで、見えてくるものはあるのだろうか？　そこに普遍性はあるのだろうか？　そして、あなたは彼を笑えるだろうか？

パニクリスト（＝テンパリスト）

沼田亮平

木ノ戸　沼田君は自分らしさに悩んでんねん。増田さん、沼田君の「らしさ」って何やと思います？　もう12〜13年の付き

［参加者プロフィール］

沼田亮平（ぬまた・りょうへい）
1979年京都府生まれ。花園大学卒。中2病（?）を今なお引きずる。

亀井友美（かめい・ともみ）
1984年和歌山県生まれ。京都造形大学卒。2012年スウィングに入社。

増田政男（ますだ・まさお）
1970年京都府生まれ。左官屋、自衛隊など、様々な経歴を持つ。

西川雅哉（にしかわ・まさや）
1979年京都府生まれ。佛教大学卒。木ノ戸らと共にスウィングを設立。

合いでしょう？
増田 テンパってるわけじゃないんですけど、そう見えるっていうか……。
木ノ戸 テンパってるんですよ。（笑）
増田 仕事に関してても何にしても頭がパンパンになってってね、本性というか、本当の沼田さんをオブラートで包んでるように感じるんですよ。
木ノ戸 包めてたら、あんな露骨にパニックになりますかね？
増田 取ったらそれどころじゃないと思いますよ。
沼田 そうかもしれないです。

木ノ戸 「眉間のしわ」がパニックの合図やんな。自分では分からへん？
沼田 分からないです。
西川 沼田さんは普通の人がパニクるところではパニクらないんですよね。この前のワークショップの司会は台本なしのぶっつけ本番でも平気でしたよ。
木ノ戸 なんでなん？ 舞台上がったら吹っ切れるタイプなん？
沼田 ああ、そうやと思います。
木ノ戸 かっこええなあ！ 越路吹雪［1］と一緒やん！
西川 10周年パーティー［2］の司会も、

はじまる前の緊張ひどかったですもんね。

沼田　はじまってしまったらしょうがないっていうか。でもやっぱり「うまいことせなあかん」っていうのがずっとあって、そこに縛られがちというか。

木ノ戸　考えすぎんねんなあ。沼田君の「らしさ」って、「勢い」と「瞬発力」って言うたやん。それは分かる？

沼田　ワークショップの場とかではそうやなって分かるんですけど、日常の中でそれをどう発揮すればいいのかが分かっていなくて。

木ノ戸　西川君の思う沼田君のらしさは？

西川　「不器用」。

沼田　そこはもう重々分かってます。

西川　不器用なのに、器用にやろうとしてる自分も分かってる？

沼田　はい。うまいことしようって。

亀井　何とかせんとあかんのですか？

沼田　不器用って、良いことじゃないですもんね。

西川　高倉健は不器用やで。

木ノ戸　死んだ人を悪く言うな！

沼田　高倉健を悪く言ってるわけじゃないですけど。

西川　どんななりたいん？

木ノ戸 不器用じゃなくなりたい？
沼田 ああ、そうですね。
木ノ戸 マジで⁉ ほな、もう沼田君じゃなくなるやん。器用になったら、たぶんスウィングにいられなくなると思うよ。もう、沼田じゃないって。
亀井 別人ですもんね。
木ノ戸 違う人を雇ったことになるやん。
増田 なんで不器用が嫌なんですか？
木ノ戸 しつけ？
沼田 ああ、そういうことじゃないですかね。
亀井 不器用があかんって？

沼田 そら、不器用はあかんって普通言うでしょ。
増田 今後どうしたいんですか？
沼田 不器用をどう活かしていくかを考えようと思ってます。……考えたらあかんのかな？
木ノ戸 でも、器用になることを諦めきれへんのや（笑）？

器用にならねば、しっかりせねば

木ノ戸 不器用やと思い出したのはいつ頃？

沼田　たぶん中学2年生ぐらいからうまいことしようって思いはじめて。で、ドツボにはまっていくというか。

木ノ戸 なんで中学2年生やったん？　何かきっかけがあったの？

増田　トラウマとかなかったんすか？

沼田　あったんかもしれないですけど、ちょっと分かんないです。

木ノ戸 ワキ毛が生えたとか？

沼田　全然関係ないと思います。大勢の前で喋らないとか、授業中も当たらないようにするとか、静かにしておくというか。その頃の感じをたぶんまだ引きずってるんじゃないですかね。

木ノ戸 亀ちゃんもよくパニクってるけど、分かりにくいからあまり気づかれない。だから若い子たちからは「しっかり者の亀井さん」って言われてる。

亀井　しっかりしてないのに。

木ノ戸 しっかりせなあかん病。で、実際にそういうふうに見せることに成功してるんやけど、そこにしんどさがあるわけやん、きっと。不器用なのに器用にならなあかん沼田、しっかりしてないのにしっかりせなあかん亀井。シンクロ！

亀井　おお〜！

西川　ここはハイタッチせんと。
木ノ戸　沼田君って、亀ちゃんの混乱は見えてへんの？
沼田　あんまり見えてないですね。
亀井　成功してるとき分かりますよ。私、沼田さんがパニクってるとき分かります（笑）。
木ノ戸　全世界が見えてる（笑）。
亀井　でも、沼田さんが慌ててるとほっとしますね、なんか。
木ノ戸　西川君、気持ち分かる？
西川　よくテンパってますよ、僕も。でも焦ってもしゃあないんで、やめようってなるんです。

亀井　どうやってやめてはるんですか？
西川　ただやめたらええねん。
亀井　えっ、違う違う。深呼吸するみたいなこと……。
木ノ戸　諦めんねん。手放すねん。
亀井　手放したらどうなるんですか？
西川　客観視できるし、こうしたらいいんかって分かることもある。
木ノ戸　亀ちゃんがいくら力んで仕事しようが気楽にやろうが、たぶん一緒なんよ、結果は。じゃあ、なんでしんどい道を選ぶんやろ？
亀井　う〜ん……ベストを尽くせ！って

思ってるんですかね。

木ノ戸 頑張れば良いものができるっていう幻想やな。

亀井 呪縛や！

木ノ戸 でも沼田君、テンパったときに「瞬発力」を発揮するからなあ。

西川 一旦そうならなダメなんやね。沼田さんは。

哀しき永遠

木ノ戸 最初に就いた仕事は？

沼田 「地方労働委員会事務局」ですね。

亀井 なんでそこ辞めたんですか？

沼田 育児休業中の人の代理で入ったので復帰しはったときに辞めました。その後、福祉施設に半年勤めて。

木ノ戸 何て言われて辞めたんやっけ？

沼田 直接言われたわけではないんですけど、僕より優秀な人が「個体としての能力が低い」って言われてはって。僕のこともそう思ってはるんやろうなと。その次は魚屋で働きました。

木ノ戸 魚は何が一番売れたん？

沼田 ブリじゃないですかね、やっぱり。

木ノ戸 「常識やろ？・」みたいなニュアンス

で言うのやめてくれる？

亀井　なんでスウィングに来ようって思ったんですか？

木ノ戸　一応、初めから働くことは決まってたんやけど、スウィング設立直後で雇えないから待機状態やってん。で、スウィングに来て10年？

沼田　10年目です。

木ノ戸　入社当時、ゴミブルーの活動をするとか大勢の前で司会するイメージはあったん（笑）？

沼田　まったくなかったです。自分が一番苦手でできないと思っていたことですから。増田さんもゴミブルーに最初は抵抗あったじゃないですか？

亀井　ノリノリじゃなかったんですか？

木ノ戸　（最初にゴミブルーになったとき）なかなか着替えへんねん、この2人。

増田　最初は恥ずかしいっていうか、沼田さんもあったでしょ？　コスチューム着たら自分を解放できるんですけど。今は「仕事やし頑張ろう」とか「子どもらの夢を壊したらあかん」って思ってやってます。

木ノ戸　寸劇［3］も最初は緊張してたけど、今は「あそこ、もっとこうできた」とかしか言わないですもんね（笑）。

増田　自分の演技に反省点はありますすね。沼田さんは？

沼田　反省ばかりですね。今の自分が良いとは全然思ってないから。

木ノ戸「よくできた！」とは思わへんの？

沼田「もっとこうしたら良かった」のほうが大きいですね。

西川　あれ以上、何をしようとしてんの？

沼田　やり切ったという実感がないというか、いつも「ホンマにこんなんでええんか？」と思ってます。

西川　今までに達成感を感じたのってどんなこと？

沼田　う〜ん、達成感……。あんまり感じたことないかもしれないです。

木ノ戸　暗いな〜（笑）。じゃ、一旦自分のことから離れてみて、スウィングはこの10年でどう変わった？

沼田　見え方が多彩になったと思います。

木ノ戸　そこに自分が大きく関与しているとは思わないの？

沼田　実感ないです。

亀井　けど、ワークショップとか沼田さんがおらんとうまくいかないことがあると思うんですけど。

沼田　ワークショップは新たに見つけた自分の得意分野というか、不器用と勢いがうまくはまったというか。そういう意味では手ごたえがある気がします。

木ノ戸　スウィングにとってはすごく大きいことやけどね。増田さんはこういう沼田君を見てどう思いますか？

増田　変わってほしくない部分も、変わってほしいと思う部分もありますね。

木ノ戸　変わってほしい部分に振り回されがちなんやな。変わってほしくないって思われている部分も分かるやろ？

沼田　そこは自分の中ではあまり良くない部分やと思ってしまってる。

木ノ戸　じゃ、自分の好きなところは？　チャームポイント。

沼田　……ないですね。好きなところ。

木ノ戸　増田さんが言う、変わってほしくない部分ってどこなんですか？

増田　ずっと「眉間のしわ」を寄せといてほしい。それが沼田さんやから。

西川　チャームポイントや！

沼田　どこがいいのかさっぱり……。

木ノ戸　じゃ、たとえばQさんは沼田君の悪口言うやん？　あんなんのほうが気持ち良いわけ？

沼田　分かりやすいです。
木ノ戸　じゃ、褒められるよりも叱られてるほうが腑に落ちるの？
西川　Qさんの悪口、ピンとくる？　割とピントがズレてるけど（笑）。
沼田　「なんでやねん！」とは思いますけど、褒められるよりは実感があります。
西川　褒められ慣れてない？
沼田　どこを褒めてんのか……。
木ノ戸　褒められている自分は「嫌い」、叱られている自分は「好き」なん？
沼田　好きではないですけど。
亀井　褒められてる自分は自分じゃないってこと？
沼田　実感がない。
西川　重症やな……。
木ノ戸　じゃ、「永遠のリストラ候補」って呼ばれることについてはどう思ってる？
沼田　不安ですね……。
亀井　「永遠の」やから、リストラされないんじゃ？
西川　「リストラ」って言葉だけに踊らされてるな。
木ノ戸　亀ちゃんは沼田君の話に共感する部分はあるの？
亀井　「自信がない」とかは一緒ですけど。

とりあえずやってみて、出来上がったものに対しての反省はあまりないです。「良いものができた！」と思えます。

木ノ戸 そこが違うとこやな。

亀井 だから、もっと「やったー!!」と

か思わはったらいいのに。

木ノ戸 瞬間に沼田君じゃなくなる（笑）。

亀井 じゃ、ずっとこのままですよ？

木ノ戸 永遠の沼田亮平や。

［1］日本を代表するシャンソン歌手。いつも本番前には緊張し、舞台袖でガタガタ震えていたという。１９８０年没。

［2］スウィング設立10周年記念パーティー。全国から１３０名を超えるご参加をいただいた。

［3］小学校低学年男子に的を絞り込んだ寸劇、「まち美化戦隊ゴミコロレンジャー登場!!」を上演中。

ケツの穴を太陽に・2

そんな会計士は絶対にイヤだ！

ある暖かな秋の日の昼下がり。


スウィングの庭に面した「スノコ」に腰かけてお昼ご飯を食べていると、ミサさんがお母さんの近況について教えてくれる。

「きーさん、あんな〜、お母さんな〜、また研修行ってってな〜、また新しい資格取るんやって〜」

ミサさんのお母さんは高齢者福祉の分野で活躍するケアマネージャーで、研修や出張で飛び回っている様子を彼女がよく話してくれる。

「へ〜、何の資格取らはんの〜？」

するとミサさん、すかさずこう答える。

「認知症会計士」

お母さん、大丈夫か!? ほんっとに大丈夫か!? 増田さんが、あちゃみちゃんが、口々にツッコミながら笑っている。ミサさんもクスクス自分でウケながら、こう弁解する。

「そんなん言うつもりじゃなかったのに〜。うち考えるより前に口が出てしまうから〜」

ほんますごいな！ 口が完全に独立しとんやな！ ちなみにミサさんが本当に言いたかったのは「認知症ケア専門士」とのことである。まあ、分からんでもないけども！

忘れゆく人々

ある日の午後、長老・Gさんがご機嫌に歌っている。

「恋する心の〜し〜あわせを〜♪ そ〜っと教えたひとの名は〜♪」

お、森昌子の『せんせい』や。いいね、いいね、ラストしめてゆこうぜ。

「せんせい せんせい♪

せんせい　せんせい
せんせい　せんせい♪」

……早よ終われ!!

ある日のお昼前、ミサさんが小走りしている。

「トイレ！　トイレ！　トイレ！　トイレ！」

そんな急がんでも近い近い。スウィング、そんな広〜ない。あっという間にトイレの前に着いたミサさん。ほっとしたようにこう言う。

「あれ？　何しに来たんやったっけ？」

……トイレや!!

「失禁会場」へようこそ!!

帰りの送迎車内、ぼんやり外を見つめているGさんが言う。

「あれ見い。失禁会場や」

失禁会場?? そんな会場あるわけないわ……。ドライバー西川君、グッとこらえてGさんの視線を辿ると、そこには小さな教会がある。なるほど、なるほど。ほんとは「結婚式場」って言いたかったんやな（違うけど）。「ケッコン」と「シキジョウ」がなんかグッチャグチャになって「シッキンカイジョウ」言うてしもたんやな。

「失禁会場じゃなくて、結婚式場ですよ（違うけど）」

努めて冷静に返す西川君に対し、はてさてGさんはどう反応するのか？

「じゃじゃじゃ、じゃ〜ん♪」

まあ、珍しい！ 否定されずにすんなり通じた様子だ。こんなこともたまにはあるんやな。すると、それまでふたりのやり取りを黙って聞いていたかなえさんが突然こう言う。

「じゃーじゃーって、Gさんダダ漏れやなあ」

「失禁会場」に逆戻り!!

サングラスとメガネ

サングラス
メガネ

グラさん
サングラス
メガネ
グラさん　サングラス

サングラスとメガネ／四宮大登／2018

目に見えないモノだらけ

大型ショッピングモールに行く。滅多に行かないが、ときどきは行く。そこには楽しそうな表情を浮かべていたり、明らかに苛立っていたり、無表情に淡々としていたり、本当にたくさんの人がいるが、僕は同時に「そこにいない人たち」について考えることがある。こんなにも大勢の人が、今、当たり前のように目の前にいるが、この場所に来たくても来られない人、あるいはショッピングモールの存在さえ知らない人は一体どのくらいいるのだろうか、と。来れるから幸せ、来れないから不幸せというのではない。ただ、賑やかに晴れやかに、まるでこの時代や社会を端的に象徴しているかのような大型ショッピングモールという景色の中で、「そこにいない人たち」に思いを馳せるとき、世界が決して「目に見えるモノ」ばかりでできているのではないという単純な事実を、分かりやすく感じることができる。

いつの頃からか、月に1〜2回、目の見えない人に鍼《はり》を打ってもらうことが習慣化している。お店に入ってあらかじめ指名した人と「こんにちは」と挨拶を交わすとき、いつも少しばかりほっとするのだが、それは恐らく、自分の姿を見られていないことに対する安堵感のようなものだと思う。そしてベッドに寝そべり、いざ施術がはじまると、(もちろん目で見られているわけではないのだが)今度は自分の体の奥深くまで、優しく丁寧に見られていることの心地良さを感じはじめる。誰かが「怖い！ 鍼は目の見える人に打ってほしい！」と言ったのには笑ったが、なるほど、まあ分かるような気もする。

先日訪れた京都の北部のほうにある温泉に「浴室内で喫煙しないこと、発見したら即出入禁止」といった旨の注意書きが貼られていた。浴室で喫煙する人がいるのか⁉……

というシンプルな驚きと、そりゃ最低限のマナーは守らなあかんよなという思いとともに、1回違反したら即退場という寛容さに欠ける空気を目の当たりにしたようで、何だか暗澹たる思いに包まれた。映画館に行っても、あれも禁止、これも禁止のオンパレードが続く。マナーは大切だと思うけれど、前の席を蹴ってしまったなら「あ、すみません」でいいのではないのだろうか。誰かによって都合良く作られた「べき」やら「ねば」やらに囚われ、思考が、行動が萎縮してゆく。何かもっと大切なことがなおざりにされているような気がする。

あるとき、スウィングのある人の危機的な状況について、また別のある人がこう言った。この状況はピンチではなくチャンスだ。その人だけの問題でなく、スウィング全体がより良くなるチャンスなんだと。自画自賛だと言われるかもしれないが、（皆が皆じゃないにしても）こうした発想が誰かから生まれるこの場を、僕は誇らしい、素晴らしいと素直に感じた。

問題を個人の内に留めず、もっと全体をいい感じにしようぜという捉え方は、僕が考える「アート」にとても似ている。私的な（そして多くの場合、非常に切実な）問題や美意識なりを、「普遍性」「全体性」を有するものに高めること、その過程にこそアートはあるのではないか、あるいはそうした過程をこそアートと呼ぶのではないか、そんなふうに考えている。もちろん作品としてのアートがあることは確かだが、過程なくしてそれが生まれ出ることはない。鶏が先か、卵が先かの話に似ているけれど、僕は作品が成立するまでに宿る、目に見えないアート（＝卵）のほうに興味がある……というか魅力を感じ続けている。

この世界で生きてゆくことは、多くの「目に見えないモノ」によって支えられ、ときには阻害されている。「縁」とか「運」とか、年を取った人たちはさらっと何気なく言うけれど（偏見だろうか？）、決して目には見えないそれらは、本来さらっと言えてしまうくらい、当たり前に大事なことなのだと思う。どうやら僕たちは分かりやすく「目に見えるモノ」ばかりに意味や価値を感じ、振り回されすぎているようだ。たとえばあなたが手にしたその幸せは、あなたの努力ゆえではなく、縁によってもたらされたものかもしれないし、たとえばあなたに訪れたその不幸は、あなたの不注意のせいではなく、ただ運が悪かったからなのかもしれない。元も子もないじゃないかと白けてしまうかもしれないけれど、何もかもを不完全でちっぽけな自分（たち）の「お陰」とか「せい」にして気負わず、目には見えない、もっと大きなモノに身を委ねてしまったならば、生きてゆくことはずいぶんと楽になるのではないだろうか。

映画『座頭市』は小石につまずいて転んだ座頭市の「いくらめいっぱい目をおっぴろげても、見えないもんは見えないんだよなあ」というセリフで締め括られる。映画を見た当時は何だか説明っぽくて、このセリフ要らんと残念に思ったものだが、今この歳になってようやく、このラストの意味が少し分かる気がする。

モヤモヤ

モヤモヤしてるの。
話をしたいけど、
出来ないの。
本当は、話をしたいのに。

どうしようもなく
ダメなの。
もやもやしてプイッと、
だまってしまうの。
なかよくしたいのに、
出来ないの。

モヤモヤ／Q／2016

ヘラヘラ笑う小学生の正体

ある事件が起こった。通勤中のQさんが、通学中の小学生とちょっとしたトラブル（追い抜きざまにどちらかの体が当たったとか当たってないとか……）を起こしたのだ。トラブル？ケンカ？　何なに？　朝っぱらから小学生とトラブってるんじゃないっつーの！　だが仕方がない。起こったことは起こったことだ。正直なところ、僕が真っ先に考えたのは小学生やその家族や学校に謝りに行くことだった。福祉施設や障害のある人に対して、その周辺地域の目が厳しい現実はまだまだある。腹を立てながらもまずいことをしたと感じたのだろう、当のQさんも「謝りに行かなあかんかなあ……」と少し落ち込んでいる。彼によると、小学生の登下校を見守るスクールガードの男性がトラブルの現場にいたと言う。ああ、それや。悪いがQさん、あなたの自己弁護的な話ばかりも聞いちゃいられない。次の日、僕は事の真相を確かめるべくスウィングから徒歩30秒の現場へと足を向けた。

「ああ、あったあった。でも、そんな大層なこっちゃないわ」

スクールガードの男性はそんなふうに言った後、相手の小学生がトラブルの最中「ヘラヘラ笑っていた」ということも教えてくれた。予想外だった。大層なこっちゃない？ そして当の小学生はヘラヘラ笑っていた？ 僕は思わず感激してしまった。なんせいい年をしたおっさんが朝っぱらから小学生と揉めていたのだ。これがスウィングをはじめた当初なら恐らく「大層なこっちゃない」とはならなかったのではないだろうか。そしてヘラヘラ笑っていたという小学生。そのときの彼の思いは恐らく「わ！ 変わったおっさん、なんかからんできおった！」……そんなところではないかと推測する。

そう、残念ながらあまり気持ちの良い類の笑いではないが、Qさんはそのキャラクターも、マニアックなアニメグッズ中心に構成されたファッションも独特だし、だから目立つんだろうしファンが現れたりもするんだろうし、彼にはちょっと悪い気もするけれど、その小学生のリアクションは至極、正直なモノだったのだと思う。それよりも僕は、彼が妙に優しく包み込まれるでもなく、極端な危険人物として扱われるでもなく——恐らく僕たちが「ゴミコロリ」やその他もろもろの活動を通じて、地域に姿を見せ続けてきた結果——「ちゃんと」変わった独特の人として受け止められていることを実感し、（やはりQさんにはちょっと悪い気もするけれど）心震わせたのだった。

誰かに自分との「違い」を見つけ、何かを感じ取るのは自然なことだ。変だと感じるものは変、妙だと思うものは妙、理解できないものは理解できない、心の動きに制限をかける必要はまったくない。

自分の正直な心の動きを見つめずして、すっ飛ばしてなかったことにしてしまうから、うわべだけの平等論や理想論がじわじわと社会を包み、結果として偏見や差別がより根強く残ってしまう。相手のことをよく知りもしないのに、「偏見を持ってはいけません」「差別してはいけません」とやかましく言われるうちに、なぜダメなのか？を考えること自体がタブーのように思えてきて、「じゃあ、もう見ないことにしよう」「いないことにしよう」と、煩わしい他者との関わりを避けるようになってしまうからだ。いや、本当に。「あれしちゃダメ」「これしちゃダメ」のオンパレードが、いかに僕たちの、自分自身の言葉や行動を制限し、萎縮させていることか……。

違うものは違う。それでいいのである。Qさんとのいざこざを笑っていたという小学生。良し悪しは別として、少なくとも彼は、嘘偽りのない違和感の出発点にちゃんと立っていたのだと思う。そしてもっと（トラブルとかじゃなく）違った場面でお互いが出会っていたとしたら（Qさんが怒り、小学生が笑うとかじゃなく）、ふたりの関係性もまったく違ったものになっていたかもしれない。

偏見や差別をないことにするのではなく、むしろ積極的に他者との違いを感じ、認めること。そもそも「誰ひとり私と同じ人はいない」、つまり「私は絶対的にひとりである」という悲しいまでの現実を共有する人と人との関係性は、そこから出発するのではないだろうか。

脳天気

自分は、脳天気にくらしたい
今まで以上に脳天気にしたい
考える事もしたくない

のびのびと脳天気になりたい
脳を出しきって
空っぽになりたい

脳天気／辻井美紗／2013

「やのに感」の考察

今がどうかはよく知らないけれど、少なくとも僕が小中学校で受けた「美術教育」とかいうヤツは、相当に寂しく、絶望的に悲しいものだったように思う。評価の尺度はうまいか下手か。うまいということに多様な捉え方があればまだましだが、実際は「どれだけ写実的であるか？」という、ウンコのような一面的な価値観に縛られまくっていた。

スウィングで表現をしている人の中にも、学校の美術教育で「下手クソ」という烙印を徹底的に押され、苦手意識と劣等感をこれでもか！と植え付けられた人が少なくない。今となっては個展を開いたり、絵がそこそこ売れたり、アーティストとしてまあまあ注目されたりしているＸＬさんも、そのひとりである。

彼の場合、その呪いから解き放たれるまでに実に30年という年月がかかった。きっかけは単に「暇だったから」という理由でうっかり参加してしまった、絵を描くワークショップ。そこにスウィングの関係者しかいなかったなら、いつものように素っ気なく「描かへんわ！」で済ませてしまっていたのだろう。が、幸か不幸か空気が読めてしまう彼は、スウィング外の、知らない人も大勢いる環境の中で自分だけ描かないわけにはいかなかった。額に脂汗を浮かべ、顔を引きつらせながら、長きにわたって縛られ続けた下手クソという呪いと、「おれは絶対に描かへん」という誓い（?）を遂に打ち破り、鮮やかな色を置いたのである。

絵心とか何とか。上手だとか下手クソだとか。ほんっとにどうでもええと思う。何もかもがんじがらめな世の中なんやから、絵を描くことぐらいもっと自由に、何でもありに早よせんかい！　誰かが設定した良し悪しなんか悠々と飛び越えて、自分の感じるままに描いていいのだと知った彼は、あの日以降、ただ楽しそうに、実に清々しい姿で描き続けている。

しかしながら、こうして美術教育の呪いから解放されたXLさんにしても、「障害者」というカテゴライズから自由になったわけではないし、彼に知的障害があることは動かしようのない事実である。別にあってもなくてもどっちでもいいのだけれど、「ある」か「ない」かで言えば確実にあると思う。ならば、彼やスウィングの面々が生み出すのは「障害者アート」なのだろうか？　そんなジャンル、なんかおかしくない？　なんか気持ち悪くない？　恐らく、やはりそんなふうに言いたくない人たちによって、この国では障害者アートに代わるものとして「アール・ブリュット」という言葉が盛んに使われているが、それはそれで間違っている。アール・ブリュット＝障害者アートでは決してない。が、まあ難しいことは置いといて、ここでは障害者アートという言葉について冷静に考えてみたい。

障害者アートに問題があるならば、それはそれほど難しいことではなく、本当にシンプルに「この言葉によってイヤな思いをしている人がいる」ということなのではないだろうか。社会から与えられた属性のようなモノ、しかもあまり好ましい響きではない言葉が「アート」の前につくというこの状況。自分に置き換えて考えてみても、マジでイヤやなあと思う。

このイヤな感じをもうちょっとだけ掘り下げてみようと、永遠のリストラ候補・沼田君に投げかけてみたところ、少し考えて彼はこう言う。

「『障害者やのに』って感じがするからじゃないですかね」

いやん。沼田君、性格悪〜い。でも、確かに障害者アートという言葉からは、（それこそ言葉は悪いが）「障害者やのに」とか「障害者にもかかわらず」という感じが漂っているように思う。少なくとも僕たちはそれを感じる。ではこの感覚を仮に「やのに感」と名付けてさらに考えてみよう。

「糖尿病者アート」という言葉があるだろうか？　たぶんない。あったとしたらかなりの違和感がある。「やのに感」漂う。「女性アート」はどうだろう？　あるのだろうか？　知らない。あったとしたら色んな反発が色んなところで起こっていそうだ。やはり「やのに感」かなり漂う。「ブラックアート」は？　これはもうすでにあるジャンルだからか、違和感も「やのに感」もない。恐らく黒人にしか確立できなかったアートが確実にあるし、なんかカッコ良いとすら思ってしまう。逆に強烈な誇りのようなものすら感じる。では「おかんアート」はどうか？　これも（たぶん）確立されつつあるジャンルだが、違和感が一周回っていい感じしかしない。作品を観る前から人の心を緩ませる力すらある（すなわち、この言葉自体にアート性が宿っているとも言える）。「やのに感」はあるが、やはりいい感じの「やのに感」である。

デッサンも正確で、障害者アートっぽくないイラストレーションやコラージュを得意とするこまりんは言う。

「アートとして観る前に作者が『障害者』であることを見られてるっていうか。『障害者』ってつくだけで、キラキラしてる感じが嬉しい人が多いんじゃないですかね」

いやん。こまりんも性格悪〜い。でも、僕はこの意見に大いに共感する。世間一般の障害者へのイメージに、「純朴」「無垢」「（なんかよくは分からないけど）頑張ってる」などの

ながれ／たなかこまり／2017

「キラキラ系」があると思うが、「障害者がアートしてる」というその状況のみでもって、このキラキラ系イメージがさらに強化され、再生産されているように感じることが少なくない。だってそのイメージを必死になって打ち消し続け、「キラキラしないこと」をひとつのモットーとしてきたスウィングの展覧会でさえ、作品を観る前から泣いちゃっている人が来たりするんだから。

そして僕たちが懸念するのは、障害者アートが隆盛するにつれ、キラキラ系イメージに上乗せされるように「障害者＝

優れた芸術を生み出す人」といった新たなド偏見が顕出しつつあることだ。なかにはそういう人もいれば、まったくそうじゃない人もいる。ていうかまったくそうじゃない人のほうがほとんどだ。少し想像力を働かせれば分かりそうなことだが、「それぞれが違った一人ひとりの人間である」という人類普遍の真実をついつい忘れ、大きなラベルで括ってしまいがちな思考回路は決して他人事ではない。

便宜上、障害者アートという言葉を使わざるをえないこともあるし、昨今の障害者アートブーム（らしきもの）にスウィングが乗っかっていることも否定はできない。でも、なんかちょっとイヤな感じ！というこの違和感から目を逸らさず、心のどこかに残しておくのはやっぱり大切なことだと思うのだ。いつ、何の役に立つのか分からないけれど。

……と、僕はこんなふうに考えるのだけれどＸＬさん、あなたはどう思いますか？

「どうでもいい。ややこしい。じゃまくさい」

はい。ホンマにその通り。

猫を抱く女／XL／2016

ノンアルコールビール
『ゴクーゴクーゴクゴクゴクー』
あーうまい

最高です。あー幸せ冷たい
それではいただきまーす
乾杯!!

ノンアルコールビール／Ackey／2018

I AM SHOUGAISHA

ある冬の日。今日は〇〇さんが来て〜、火曜は〇〇があって〜……と1週間の流れを確認していたときのことだ。金曜の順番が回ってくると、待ってましたとばかりに元気ハツラツ、明るく大きな声でアッキーが言う。

「障害者の日ぃ〜！」

……そんなハッキリ言う？　皆、どうリアクションをしたらいいか分からず、一瞬、静寂に包まれる。「なんかビミョーやな……」と誰かがボソッ。そう、微妙。微妙どころか、できればスルーしたいと思うのが普通である。けれどそのうちなんかおかしくなってきて、アッキーすごいなあ、なかなか言えへんよなあと、皆クスクス笑えてきたのだった。

「はい！　9日金曜は『障害者の日』だそうです！」

僕もアッキーに倣って爽やかにこう言った。なんかな！　ナイーブすぎんねんな！　障害があるとかないとかじゃなくって、アッキーの突き抜けたような明るさ、ステキやなあ、大事やなあと思う（現在は12月3～9日までの1週間、障害者週間が設けられている）。

ある春の日。京都市内で開かれたイベントにワークショップやグッズ販売で参加していたスウィングのブースへ、ボブという名のアメリカ人がやって来る。ササササ！と応対に出たのは人間大好き、外国人にも物怖じしない国際派・アッキーである。でもアッキー、英語いけるん？　……日本語もアヤフヤなくせに大丈夫なん？

「My name is Ackey!!」

いけるやん！　日本語もアヤフヤとか言ってホンマにゴメン。よっしゃ、その調子でいけいいけ！

「ケー！　ワイ！　オー！　ティー！　オー！」

田植えを見ているヨークシャー／Ackey／2012

ちょ、ちょっと待って。急にナニ⁉ ケー、ワイ、オー、ティー、オー？

「KYOTO! KAMIGAMO! MINAMIOJITYO!」

なるほど。スウィングの所在地のことね。京都、上賀茂、南大路町な！ ほんで？

「TENKAIPPIN!!」

う～む、そう来たか。スウィングはあの超濃厚こってりラーメンで有名な「天下一品」（の本部事務所の一角）に場所をお借りして活動してるもんね。でも、さすがにボブさんには何のことか分からへんのちゃう？ すかさずフォローに入り、「ジャパニーズヌードル」とかなんとか、天下一品がラーメン屋であることの説明に成功する。……しかし、ここで新たな問題が生じる。このままではアッキーはボブさんに、「ラーメン屋の人」と思われるのではないか？ するとアッキーの思考回路は驚くべき最短距離を駆け抜ける！

「NO!! SHOUGAISHA デーース!!」

ベリー潔し、ア～ンド、グッドカオス！ SHOUGAISHA・アッキー。今日も明日もフガフガ言いながら我が道を行く。

障害者

ぼくら障害を持っている人は、
ほかの人よりおとるのかな。
ぼくらは、障害を持っている
と言うだけで、
どうしてさべつされるのかな

すべての人を、
同じ目線で
少しでも見てくれたらいいな。
そしてぼくも、
同じ目線で見たいな。

障害者／Q／2010

「障害者」を差別する「障害者」

Qさんが朝から怒っている。

「バスの中で障害者がぶつかってきおったんや！」

ああ、またそれか……。朝っぱらから怒り全開の人間に向き合わなければいけないことに加え、Qさんお決まりの「通勤中のバスでのトラブル」は、さらに面倒臭さを倍増させる。彼はとにかくよく人にぶつかるらしいのだが、それは多くの場合、ただでさえ体が大きいのに加えて、リュックに手提げに荷物パンパン！　2人掛けのバスの座席だって1人で占領してしまうあなたのほうに問題があるのでは？　そうでなくても誰かと誰かがぶつかるときって、そりゃあお互い様でしょう……と僕たちは思っている。けれど自分が被害者だと物事を捉えてしまいがちな彼にこのような論理は通用せず、また実際にその場面を見たわけじゃないのだから、ハナから決めつけるわけにもいかない。たとえ10年以上、何度も何度も繰り返し聞かされてきた怒りだとしても。

さらに加えて今日は何らかの障害のある人が相手だったらしく、Qさんの発する「障害者」という言葉には敵意と憎しみがたっぷりと込められている。「聞くに堪えない」というのが正直な第一印象だが、それでも「どんな障害のある人？　足とか体が不自由な人？」となだめるように尋ねたその返答は、予想外のものだった。

「違う！　普通の障害者や！　うちと同んなじくらいの！」

普通の障害者……うちと同んなじくらいの……う〜む……と考えてしまう。そう、Qさんは自分自身が障害者と言われる立場にあることを十二分に自覚しつつ、それでもときどきこんなふうに、障害者に対して差別的な怒りを露わにする。ひょっとして彼の怒りの本当の矛先は、障害者である自分自身や、自分にレッテルを貼り付けた社会なのではないだろうか。つまり他の障害者への怒りを通じて社会に対して憤り、同時に自分自身を激しく責めているのではないか……。もしそうだとしたら、これは本当に悲しい、やりきれない怒りである。

冒頭の詩「障害者」は、Qさんの心の底からの願いなのだと思う。そしてこんなふうに願いつつ、現実には「同じでない目線」を周囲から感じ、「同じでない目線」を投げかけてしまう自分自身に苦しんでいるように見える。

先日、傘寿《さんじゅ》（80歳）を迎えたスウィングの長老・Gさん。出会ったときからすでに爺さんであったが、10年を超えるお付き合いのうち、やはり少〜しずつ体も衰え、大好きだった風俗通いもパタリとなくなり、「あと5年でお別れやなあ〜」などとウヘウヘ冗談交じりに言うなかにも、明らかに弱気な響きが感じられるようになった。さらにぼちぼち認知症の兆候も見えはじめ、毎日のように繰り出す大ボケ小ボケの数々が、そもそものキャラクターによるものなのか、知的障害によるものなのか、はたまた認知症によるものなのか、ますます混沌としてきている。それでも未だに「命切れるまで」スウィングで働

自称・石原裕次郎ことGさん。人生のハイライトは「ヘビを獲って皮を剥いていた」20歳の頃。

きたいという意欲は健在だし、「これ、知っとるぅ〜?」と、精度30%くらいのええ加減な雑学を披露してくれたり、仕事中に大声でお得意の演歌を歌ったり(ものすんごい迷惑……)、やっぱりいつまでもユニークで助平な、気の若いお人である。

ところでそんなGさんについて、ずっと気になっていることがある。朝夕の送迎の道中、特別支援学校のスクールバスを見かけることが度々あるのだが、そのときの彼の反応が、まあ、一言で言えば「最低」なのだ。

彼は特別支援学校のバスが視界に入った途端、嬉々とした様子で指を差し、ニヤニヤ笑いながら馬鹿にしたような調子でこう言うのである。

「あのバスにはな〜、チンバやツンボが乗っとんの！」

これを繰り返すこと、かれこれもう十余年……。僕たちはこうした場面に出くわすたび、すかさず心の中で思い切りこう突っ込んできた。「いや、アンタもやろ！」と。

正直なところ、そのときの僕たちは、Gさんの差別的な言動に対して怒りや悔しさを感じるとともに、3分の1くらいは笑いを堪えている。異次元の棚上げを披露しつつ、加えてなぜか「ワシ、よ〜知っとるやろ？　すごくない？」的な雰囲気すら漂わせている姿が、おかしくってたまらないからだ。けれど、ここでひとつの疑問が湧き上がる。なぜ僕たちは「いや、アンタもやろ！」と、声に出して言うことができないのだろう？　心の中では大声で突ッ込みを入れつつ、なぜ現実に言葉にしたことは1度もないのだろう？

Qさんとは違い、Gさんは自分のことを障害者だなんて、これっぽっちも思っていないようだ。「療育手帳」は曰く便利な公共交通機関の「回数券」だし、スウィングのことだって福祉施設だなんて認識はまるでなく、ただの会社だと思っている。そんな彼が差別の対象としている人たちと自分も同じだということを知ったら、さすがにショックを受けるんじゃないか……そうした配慮を知らず知らずしているのかもしれない。けれどそれ以上に僕たちは、障害者や障害を表す言葉に蓄積されたマイナスイメージや、それらの言葉に十分すぎるほど人を傷付けてしまう力が込められていることを、肌感覚として学び続けてきたのだと思う。だからこそQさんは差別的に怒り、Gさんはニヤニヤ差別的に笑うのだろう。

障害者を差別する障害者がいるなんて、意外に思う人も多いかもしれない。けれどそうした思い込みや決めつけの中にこそ、差別や障害が潜んでいるとは言えないだろうか。「普通」とは何か？「差別」とは何か？「障害者」とは誰か？　ふたりの異なる態度は様々な、そして本質的な問いを孕《はら》んでいるのかもしれない。

黒

黒い猫

暗い黒

暗黒

黒いネズミ　ミッキーマウス
黒い鬼
黒い目
黒い豆

黒／四宮大登／2017

稼げる就労vs稼げない就労

障害福祉業界には「一般就労」「福祉的就労」という言葉がある。業界外の友人に一般就労について熱く語っていると、何やら不思議そうな顔をしている。うまく話が通じない。普段、当たり前に使いすぎていて気づかなかったが、そうか、これは業界用語だったのか。一般就労は「企業就労」とも言ったりするが、簡単に言えば障害のある人が一般企業で働くこと、対して「福祉的就労」とは、障害のある人が福祉施設で働くことを意味する。

最近、僕はこの2つの違いがよく分からなくなり混乱している。この業界、あるいは社会を取り巻く空気の中に、一般就労のほうが「上」で福祉的就労は「下」……という序列が間違いなくあり、これまでもそうした風潮について「なんでやねん！」という思いはあったものの、その一方で「経済的に自立して一人前」という社会が求める成人像に合致し、何より世間的に「ちゃんとしている」ように見える一般就労を上とするのも無理はない、そんなふうにも感じてきた。けれど最近、本当に分からなくなってきたのだ。いやいや、ただ働き方が違うだけで、上下はないいんじゃないか？　そもそも2つに分ける必要さえないんじゃないかと、猛烈に疑問が湧いてきたのである。

障害のある人が一般企業に就職することは、そうでない人に比べてなかなか難しい……というより「合わないことが多い」のは明らかである。これは障害のある、その人固有の問題ではなく、むしろ「効率」を最優先とする社会や産業構造の問題と言えるだろう。障害そのものが障害となるのではなく、暮らしてゆくことや働くことに不自由が生じたとき、それは初めて障害となる。飽きることなく効率を追い求めるこの社会の中にあって、「障害者」がどんどん増やされてゆく。社会が掲げる標準に「合わない」人が障害者という括りにカテゴライズされてゆく。そして合わないという烙印を押された人たちが、なぜか再び「合わせる」ことを強いられ、あるいは合わせることを望んでいる。僕には一般就労というものの在り方が、ときとしてこのように歪んで見える。

対して、手っ取り早くお金を生めない福祉的就労は、効率という一面的な尺度から取り残されたダメな働き方なのだろうか？　ならば就労とは、お金だけを追い求めることなのだろうか？　若年層（15～39歳）の死因第1位が「自殺」という残念すぎるこの国で、障害のある人のみならず「普通に」「企業で」「正社員として」働くことは、もはや当たり前ではない。こんな時代だからこそ、むしろ福祉的就労の持つ意味や価値が高まっているとは考えられないだろうか……。

男ド演歌・山川豊似、40を超えたばかりの（一見）シブい男、櫻本京一さん。彼は木材店での20年間の一般就労の果てに、会社の都合によりクビとなり、およそ7年前にスウィングにやって来た。寡黙、実直、クソ真面目。誰とも必要以上の会話をせず、ただ黙々と仕事に打ち込んでいた無表情な男は、スウィングでの日常を一日一日と積み重ねるうち、まさに劇的に変わってゆくこととなる。会話が増え、笑顔が増え、冗談が増え、増え、増え、遂にはくだらない冗談しか言わないような人へと、ものの見事に様変わりしたのだ。

木材店時代、彼はほとんど誰とも口を利かず——言葉を交わす相手がいなかったのだ——無論、冗談なんてただの1度も口にするわけもなく、ひたすら同じ作業を繰り返す日々だったという。さらに驚いたことに、当時それなりの収入を得ていたにもかかわらず、彼は「銀行への処し方」を一切知らず、そして誰からも教わらなかったというのだ。毎月、会社からは給与明細という紙切れが手渡される。よし、今月も頑張った。どうやらここに書かれている金額が銀行に振り込まれている「らしい」。でも、お金を下ろす方法は分からない。……なんと彼はこの「らしい」だけを頼りに、20年という長い歳月を、ただ黙々と、本当にただ黙々と働き続けたのである。

もう深すぎて、深いのかどうかさえ分からなくなりそうだが、僕は京一さんのこの強烈な20年と、その後の変貌ぶりに多くの思いを抱かずにはいられない。今、彼は笑顔で語る。「まさか友達ができるとは思ってなかった」と。スウィングという福祉的就労の場にやって来て、彼の収入は激減した（福祉的就労での平均賃金は月額で1万5千円程度と言われている）。けれど彼が得たものの大きさは効率やお金といった尺度では決して測り得ないものであり、そうした価値がこの世の中に確実にあるのだということをはっきりと教えてくれる。お金とは何なのだろう？　働くとは何なのだろう？　そして人が生きることとは何なのだろう？

もうひとり、およそ3年前からスウィングで働きはじめた四宮大登《しのみやたいと》君を紹介しよう。彼はここに来る前、一般就労の場であるフランス料理店で働いていた。仕事にやりがいはあっても、なかなか話し相手ができず、昼休みなどの休憩時間はいつも孤独に過ごしていたらしい。そうした状況のなか、一般就労では得られないものがあるのではないか……と考えたお母さんがスウィングを訪ねて来てくれたことが、彼の福祉的就労のはじまりとなった。「オレたちひょうげん族」に所属しシュールすぎる詩を書いたり、朝礼や終礼でどうでもいいことを言いまくったり。彼がお金を生み出すことはほとんどない。けれど、のびのびとスウィングの日々を過ごしていることに間違いはないし、そのことがすなわち「一般就労では得られないもの」なのだと思う。……が、実はここからが京一さんと違う点である。大登君はスウィングで非生産性を思う存分発揮しつつ、フランス料理店の仕事もずっと続けているのである。具体的にはスウィングで週に3日、フランス料理店で2日働くというスタイルで。

福祉的就労の場でしか得られないものがあるのと同様に、一般就労の場でしか得られないものもまたある。それらをバランス良くかけ合わせることによって、彼の毎日は形作られているのである。なんて素敵な生き方、働き方だろうか。僕はこの大登君の働き方を「ハイブリッド就労」と勝手に名付け、多くの障害のある人、あるいは今は「障害がない」とされている人にとっても、ひとつの理想的な就労の形なのではないかと考えている。

一般就労と福祉的就労。2つの就労の在り方を二項対立的に語ること自体、もう意味がないのではないだろうか（僕のことじゃないか）。それはただ「合う」「合わない」の話であって、どちらが上下という話では決してない。一般就労が合う人は胸を張ってそうすればいいいし、福祉的就労が合う人はやはり胸を張ってそうすればいい。もちろんお金も大切だし、そのことを決してないがしろにしてはいけない。けれどやっぱり、人が生きること、働くことの意味や目的はお金だけではない。

スウィングにいる人のおよそ半数がかつて一般就労を経験し、（ほとんどの場合、最後はクビになって）福祉的就労の場であるスウィングにやって来た。そしてその多くはここでの仕事にやりがいを感じ、楽しみ、誰かや社会の役に立っていることを実感している（はずだ）。「金はなくとも心は錦」なのである（はずだ）。

さあ、最後は再び京一さん。「昔みたいに稼げる仕事に就けるとしたらどうですか？」と尋ねると、「いやあ、もう無理やろ」と笑顔で答える。「何が無理なんですか？」「そりゃあ、まあ、人間関係」。気が遠くなるほど長い間孤独を余儀なくされ、人間関係を持つことすら前提になかった男のこの答えに、僕はうまく言葉を継ぐことができず、「なるほどね……」と曖昧に返すしかなかったのである。

座談会

「軽度」の「障害者」と呼ばれて。

「軽度」の「知的障害者」と呼ばれる人たちがいる。障害が軽ければ生きやすいのか？　重ければ生きづらいのか？　「健常者」ならば毎日がハッピーなのか？　軽度の知的障害者とされる4人と、（一応、便宜上）健常者である2人が語り合った。

自覚と葛藤と誇り

木ノ戸　「障害者」って何や？っていう思いがそもそもあって。しかも「軽度」ってどういうことやと。みんなは軽度の障害者とされてるわけですけど、そのあたり

【参加者プロフィール】

櫻本京一（さくらもと・きょういち）
1973年京都府生まれ。2011年にスウィングへ。

XL（えっくすえる）
1967年京都府生まれ。本名・服部光男。ヒグマ、ポップ仏などの異名を持つ元引きこもり。

更田麻美（ふけた・あさみ）
1980年京都府生まれ。通称・あちゃみ。口から生まれた明るいおしゃべりマシーン。

＊沼田、増田は96頁を参照

どう感じてますか？

ＸＬ　何やろ？　分からへん。

増田　普通にしてたら僕ら何も思われへんけど、療育手帳［1］持ってたら障害者って。周りからそういうふうに見られるんかあ……って思う。

木ノ戸　たとえばゴミブルーになってるときって、僕らが福祉施設の人間であることや、障害者であることとって、何も関係ないじゃない？　愉快なただのダサいヒーローでしょ（笑）？　障害者であることが薄れない？

更田　薄れますね（笑）。

木ノ戸　でも、素のときは自分がそう思うと思わざるとにかかわらず障害者っていうレッテルが貼られてるわけやん。それに対して悲しいとか不愉快とか悔しいとか、そういう気持ちを持って当然やと思うんやけど。

ＸＬ　悔しくないよ。

櫻本　ＸＬさんは障害者っていう自覚あるんですか？

ＸＬ　分からへん。

増田　酒もたばこもやるし、あれしたいこれしたいって普通に思ってるし。

木ノ戸　あちゃみちゃん（更田）は（療育）

手帳もらったの25歳くらいやったっけ？

更田　そうですね。ＩＱで障害を決められるのがすごく嫌で……。結果を聞いてすごくへこみましたよ、あのときは。

木ノ戸　今、苦しみとかはないの？

更田　いっつも悩むのが、久しぶりに会った友達に「今、何してんの？」とか聞かれたりしたとき。会社に勤めてるとも言えず、ＮＰＯで働いてるとか言ってる。

木ノ戸　ええやん。その通りやん。

沼田　（市バスを利用するときに）療育手帳を使うことに抵抗はあったの？

更田　交付された当初はあった。今はまあまあ。

木ノ戸　ラッキーくらいに思えてる？

更田　うーん。

木ノ戸　みんな「定期」って言ってるやん。魔法のラッキーアイテム（笑）。

ＸＬ　ラッキーって思ってる。

更田　今まで運賃払ってたのにタダで乗れるな～って。ＪＲは払わなアカンけど。

木ノ戸　払わんでええってことは特別扱いされてるってことやで（笑）？　スウィングでずっと働いてきて、世の中の役に立ってるとかそんな気持ちはある？

更田　役に立ってるなあって思います。誇りも持ってます！

元「木彫りの山川豊」の変貌

木ノ戸　京一さんは今の仕事のこと聞かれたらどう答えてるんですか？

櫻本　たまに前の職場の人に会うんですけど。引け目は感じなかったな。

木ノ戸　スウィングで働くことは「福祉的就労」って言われてますよね。そういうふうに伝えてる？

櫻本　そこまでは言ってない。

「軽度」の「障害者」と呼ばれて。

木ノ戸　今、思えば（木材店勤務の）20年間しんどかったでしょ？　今は楽しいでしょ？

櫻本　前の職場とは緊張感が違うから。

木ノ戸　スウィングに来た当時は「木彫りの山川豊」でしたもんね。表情ひとつ変えずに貝のように口をつぐんで（笑）。

更田　京一さんが喋ってた記憶がないなあ（笑）。

沼田　木材店時代と同じようにスウィングでも過ごそうと思ってたんですか？

櫻本　ええ、まあ。

木ノ戸　あれはやっぱり緊張なの？　もの

すごい殻に閉じこもってる感じがしましたけど。ここに来る前は仕事以外、何にもなかったわけじゃないですか。友達もおらず、話す相手もおらず。

櫻本　まあ、お金はもらってたけど。

木ノ戸　でも、もらってたのは給与明細だけでしょ？　ただの紙切れじゃないですか。

櫻本　途中から銀行振り込みになって。

更田　で、お金の下ろし方が分からなかったんですよね（笑）。

櫻本　知っていたら、たぶん今頃ボロボロ。逆に分からなかったのが良かった。

お金が貯まったから。

木ノ戸　深いなあ（笑）。京一さんも手帳もらったのって20歳過ぎてからですよね。木材店時代は持ってなかったでしょ？

櫻本　途中からですね。

木ノ戸　「びっくりした」って言ってましたよね。

櫻本　「まさか自分が？」って。けど、まあしょうがないかなって。びっくりはしたけど、ああ、そうなんだっていう。

木ノ戸　楽になったことはありますか？

櫻本　バスですね。

木ノ戸　京一さんがスウィングに来たとき、

ここで働くことには何の抵抗もなかったって聞きました。唯一の心配事は「何番のバスに乗ったらスウィングに行けるのか?」(笑)。すごいですよね。普通、仕事が合うかとか人間関係がうまくいくかとか心配すると思うんですけど。

櫻本　それは1度もバスに乗ったことがなかったから。

木ノ戸　いや、京一さんにはそもそも自分に人間関係ができるっていう前提がなかったんだと思うんですよ。友達いなかったのって木材店の20年間だけじゃなくって、その前からですよね? でも今はもう友達もできて、おもしろくもない冗談ばっかり言ってる(笑)。ずっと我慢してたんですか?

櫻本　いや、そもそも冗談を言う思考回路がなかった。

増田　前からおもしろかったんやって。

櫻本　いやいやいや、過去の自分とは全然違う。

木ノ戸　もともとこういう人で、それをやっぱり出せなかったんですよ。

櫻本　いやあ、自分の中にこんな一面があったんやなーって気づいたというか、知らん間に出てきた。

「軽度」の「障害者」と呼ばれて。

更田　裏の京一が出てきたんですね（笑）。

木ノ戸　裏じゃないで。表のほうやで。

気にしない人の強さ

木ノ戸　XLさんが手帳もらったのは？

XL　中学校入ってからかな。

木ノ戸　学校では「なかよし学級」みたいなクラス？

XL　あったけどそこじゃなかった。

沼田　XLさんは中学校卒業して、左官屋さんになってすぐに辞めて、毎日ゲームセンターと家を往復するだけの15年間の引きこもり時代に突入したんですよね。その頃と今とどっちがいいの？

XL　どっちも変わらへん。スウィングのほうがまし。

木ノ戸　ましっ!?　……10点満点でゲーセンが1点ならスウィング何点？

XL　5点。

木ノ戸　これがこの人の強さやな、たぶん。明日スウィングなくなっても平気やで。テレビあるしな（笑）

更田　じゃあ、テレビがなかったら？

XL　何もせーへん。寝てる。

弱さを受け入れ、さらけ出す

「軽度」の「障害者」と呼ばれて。

木ノ戸　増田さんも手帳交付されたのって20代になってからですよね。

増田　そうやと思いますよ。自衛隊辞めてちょっとしてからですかね。

木ノ戸　何か変わりました？　ショックでしたか？

増田　変わらないっすねえ、僕は全然。バスがタダになったし、映画も安くなったし、ラッキー！ってぐらいです。

木ノ戸　でも、「あなた障害者ですよ」って20歳過ぎてから突然、言われたわけじゃないですか。

増田　そこはあんまり深く考えないほうがいいかなと思った。疲れるだけやから。

沼田　左官屋とか自衛隊を経験して手帳もらってスウィングに行き着いた。福祉的就労っていうのは意識しましたか？

増田　それもなかったですね。1年間、何もせずにぼーっと家にいたから、これではアカンと思ってて。

木ノ戸　一緒にスウィングはじめてからも何度も何度もお金使い込んでへこんで、何カ月も休んでたじゃないですか（笑）。

ああいうときって何を考えてたんですか？

増田　何回も繰り返してばっかりやったから、しんどかったです。

木ノ戸　僕は障害者というカテゴライズにも違和感を覚えつつ、一方で軽度をなめんなよ！って思いもあるんですよ。でもやっぱり重度の人のほうがしんどいって言われがちなんです。

増田　障害に重みがあるわけじゃないから天秤にかけられないし。

木ノ戸　単純に軽い重いっていうのはおかしいですよね。

櫻本　本人が障害を自覚しているのか。

木ノ戸　自覚できないと思いますよ。京一さんも自分の何が障害なのか分からないでしょ？　でもたいてい、軽度の人は悩む。まれに悩まない人もいますけどね、XLさんとか（笑）。でもこの人も15年引きこもるくらいのしんどさはあったわけやからね。増田さんはお金の失敗とか、無断で休んでしまうとか、そういう自分の弱さを平気でさらけ出せるようになったことが大きいですよね。

増田　楽になりましたね。

木ノ戸　今はお金の管理も人に任せて、嫌なことがあって部屋に引きこもったら「鍵開けて入って」って、僕らにスペアキーを預けている。でも、そこまでが長い道のりでしたよね。

櫻本　休むときには連絡さえ入れてくれれば……。

増田　連絡せんとあかんことぐらい自分で分かってんにゃ！

沼田　したい気持ちはあるんですもんね。

木ノ戸　せなあかん、せなあかん思いすぎるから逆にできひんねん。

増田　そういう感じやと思います。

木ノ戸　お金の管理を人に任せることや鍵を預けること、迷惑かけてるとか恥ずかしいとかって思ってますか？

増田　全然思ってないし、ありがたいです。繰り返すって分かってますから。

木ノ戸　楽に生きていったほうがきっと周りの人も喜ぶんよ。みんな増田さんみたいにできないことを「無理なんや」って受け入れることができたらいいのにね。

更田　人に頼ろうって思えたらいいですね。

櫻本　割り切るのが難しい。

木ノ戸　「健常者」って言われている人にも苦労があるわけやん。沼田君なんてスウィングで働き出してから悩みっ放しって言ってるんやで？　悩まなかったことないって（笑）。それって障害者とか健常者とか関係ないやん？

沼田　そうですね。

増田　関係ないですね、それは。

木ノ戸　迷惑や心配を遠慮せず当たり前にかけ合えたら、そんな言葉すらなくなるんじゃないかと思うんですよ。たとえばゴミブルーも今では地域の中で当たり前の存在になってるやんね。たぶんやけど。

増田　それはむっちゃなりましたね。

更田　最初は警察に通報されましたけどね（笑）。

木ノ戸　当たり前にやってるうちに、誰も気にも留めなくなるわけですよ。だから、そういうことが大事やと思うんよね。違うかなあ。

増田　たぶん合ってますよ。

木ノ戸　全盛期の増田さんはすごい根性やったと思いますよ。出勤率3割て（笑）。野球で言うたら、まあまあええ選手やけど、働くっていう意味からしたらだいぶ低いですよね。それが今や100％ですもんね。

増田　ありがたいことです。何も言えないです（笑）。

木ノ戸　京一さんは木材店時代、喋る人もおらんのに20年間無遅刻無欠勤よ？　もうロボットやで。ロボ山川豊（笑）。

櫻本　休めることがすごい。言うちゃなんやけど、ほんとは休みたかったんよ。

障害者探しから健常者探しへ

木ノ戸　自分が障害者だとして、軽度だと思いますか？

櫻本　どっからどこまでが重度で、どっからどこまでが軽度かが分からない。

更田　私の手帳は「B判定」ってなってるけど……。

沼田　誰かが決めたんでしょうけどね。

木ノ戸　20歳を過ぎてから急に障害者って言われて、さらに軽度って分類される。あなたの障害は軽いよって。僕はスウィングに来るまでの京一さんの人生のほうが相当、重度やと思いますけどね（笑）。

櫻本　そもそも障害ってどういう意味なんかなって。何をもって障害とか健常っていうのか、区別が自分にはつかない。

木ノ戸　みんな障害者探しも上手やし、障害者を増やすのも上手なわけです。だから、健常者探しをしたほうがええと思う

「軽度」の「障害者」と呼ばれて。

んやな、これからは。

増・更・櫻 ああー。

木ノ戸 でも、どこにも見当たらない。

櫻本 どういった人が健常者？

木ノ戸 常に健やかな人です。デューク更家とか？

更田 久しぶりに聞いた、その名前（笑）。

沼田 デューク更家でも風邪引くことも、落ち込むことも悩むこともあるでしょう。

木ノ戸 え、あるの？　モナコに住んでても？　じゃ、健常者じゃない。

沼田 そうですね（笑）。

櫻本 何が健やかなんか、もう分からへん。じゃあ、なんで軽度や重度なんて分けるの？

木ノ戸 それは極端に言えば、この社会の中でいかに上手に金儲けできるかっていうことの逆算やと思う。あんまり稼げない人は軽度。もっと稼げない人は重度。社会の許容範囲が狭まって、その仕組みに合わない人がどんどん障害者にされてしまってる。そういう寂しい世の中になってるんやなあって思う。けど、そういう世の中だからこそ、僕らは出会えたわけじゃないですか。それは良いことですよね？　なあ、ＸＬ！

ＸＬ　（無視）

木ノ戸　じゃあ、軽度の障害者で良かったですねえ（笑）？

増田　それはちょっとどうなんかな（笑）。

更田　スウィングに来れて良かったなって、それだけです。

木ノ戸　でも、それって軽度の障害者って言われたからでしょ？

更田　まあ、そうですけどっ！

木ノ戸　葛藤はあると思うけど、良かったって思えたほうが楽じゃない？

櫻本　まあ、開き直れるかな。

［1］知的障害者に都道府県知事（または政令指定都市市長）が発行する手帳。ＩＱ検査や日常生活への適応能力などによって、主にＡ（重度）Ｂ（中、軽度）の障害に区分される（区分は自治体によって異なる）。

「軽度」の「障害者」と呼ばれて。

「京都市営バス」のカオス

皆さんは「京都市営バス」をご存じだろうか？ もちろん京都市民、あるいは京都を訪れる観光客の方々に欠かせない、あのバスのことである。

送迎車内、今日も1日の仕事を終えたGさんが、いつものように窓の外を見つめながらこう言う。

「バスは今、ナンボすんのや？」

なるほど。Gさんの視線は今日もたくさんの人々を乗せて走る、市バスに向けられている。

運賃ね。時代とともに段々と上がってゆく運賃ね。

「230円です」

ドライバー西川君、なんのボケも加えず真実のみを伝える。

Gさんが若い頃は一体いくらだったんだろうか？ きっとずいぶん値上がりしたと感じていることだろう。するとGさん、しみじみした様子でこう言う。

「230円いうたら……ナンボや？」

西川君、「すみません、分からないです」と正直に答える。貧血を起こすまいと懸命に自分を保ちながら……。

私が裸を恥じらうたったひとつの理由

なあなあアッキー、「ゴミコロリ」の新キャラクター・コロレスラーの名刺作るから裸にゼッケンで写真撮らせてほしいねんか。ええやろ？ まあ問題ないだろうと踏んでいると、おねえっぽく口元に手を添えたアッキーから、予想外の反応が返ってくる。

「えー！ 恥ずかしい！」

これは意外。アッキーにも恥ずかしいことがあったのか。けれど経験上、裸が恥ずかしいとはどうも思えない。ひょっとしてフルチンでゴミコロリすると勘違いしてる？　もう1度丁寧に、順を追って説明すると、今度はアッキー、恥ずかしい理由を添えてこう言う。

「恥ずかしい！腸が見える！」

ＯＫ、アッキー。腸じゃなくっておれの目をよく見て。だいじょうぶ。絶対に腸は見えへん。服を脱いだら、はい、腸！ってあり得へんやろ？　もし見えてもゼッケンつけたらちゃんと隠れる。ていうか見えた瞬間、全力で救急車呼ぶ。

裸になることを恥じらう人は当たり前に多いだろう。しかしそのさらに内側の、内臓を見られることにまで思いを馳せ、恥じらう人はそれほど多くないのではないか。人間の羞恥心の謎に触れたような気がしないでもないが、別に全然、そんなことはないのだろう。

質問の匠、回答の達人

あるときね、スウィングでね、西谷君がね、増田さんに向かってね、こう言うんですよ。

「なあ、増田さん、増田さんて今日休み？」

変な西谷君！　不思議な西谷君！　するとね、増田さんがね、真顔でね、こう答えるんですよ。

「ああ、オレ？オレ今日来てるで」

変な増田さん！　不思議な増田さん！　ああ、もう何もかもどうでもええなあ。とりあえず久しぶりに「冬のリヴィエラ」聴きたいなあ。

女体盛り

女体盛りは
男のロマンであり
夢であり

女体盛り／増田政男／2016

生きづらさからの出発

井の中の蛙、舌噛み切れず

なぜスウィングをつくったのか？とよく聞かれる。建前としての理由はいくつかあるが、本音の部分を突き詰めてゆくと、子どもの頃にまで遡らなければいけないように思う。僕自身が、この社会で生きていく上で感じざるをえなかった「生きづらさ」。それが恐らく「なぜ」に対する本質的な答えだからだ。

僕は兵庫県川西市に生まれ、愛媛県伊予郡松前町というところで育った。生まれもっての気質だろうか、幼い頃から負けん気は強かったが、兄にいじめられて毎日のように

「おがあざ～ん」と泣きわめいていたり、幼稚園ではクラス中の女の子にキスをしまくり男友だちを笑わせたり、ときには家まで我慢できずにウンチを漏らしたり、まあ普通の、そこそこやんちゃな子どもだったように思う。

ところが小学校に入学して以降、勉強や運動ができること、友達を多く持つこと、創造性やリーダーシップを発揮することなど、大人や社会から期待されるほとんどのことが「たまたま」できてしまった僕は、「できる子」の模範として一目を置かれるようになってしまった。特に2年生の頃の担任教師の「できる子が良い子、できない子はダメな子」思想がものすごく、露骨すぎるほどに気に入られ、何かにつけて「きのとさんみたいになりなさい」が狭い教室内でリフレインされた、あの強烈な体験が相当ヤバかったように思う。

褒められ続けて3年、10歳になった頃から、僕は恐れるようになる。テストや運動で1番になれなかったらどうしよう？　学級委員に選ばれなかったらどうしよう？　泣き虫な本当の自分がバレたらどうしよう？　まさに「井の中の蛙大海を知らず」。もし過去に遡れるのならば、この勘違い野郎を優しくぶん殴り、とりあえず好きな女の子を抱きしめてから悩め！と助言したいところだが、身も心も大きく変わる、とりわけナイーブな時期にさしかかっていたこともあるのだろう。次第に僕の心身はカチンコチンに緊張し、大得意だったはずの「手を上げて発表すること」すら怖くなり、やがて学校へ行くこと自体が怖くなった。そうしてまだはじまったばかりの人生は、激しい心の葛藤と自意識にまみれた、まったくもって小学生らしくない、暗黒の日々へと変わっていった。でも当時は、自分の身に一体何が起こっているのかまるで理解できずに混乱するばかりで、当然「学校に行かない」なんて選択肢は1ミリも思い浮かばず、相変わらず表面的には、何の問題もない優等生を演じ続けていたのである。

小学校の卒業式の日。僕はある先生に呼び止められ、正面から両肩を掴まれこう言われた。

「あなたは『何でもできる』でここまで来てしまったから、この先、挫折をしたときが心配……」

何と答えたかは覚えていないのだが、そのとき思ったのは「先生、惜しいけど遅い！もうとっくに挫折してます！」だった。でもそんなことより、真っすぐに力強く僕の目を見つめる、先生の目を見返したとき、その目がもうとにかく怖くって怖くって、それは今でも思い返せば手汗が出るくらいに怖くって、つまりそのとき僕は初めて、学校だけではなく「人も怖い」自分に気がついたのだ。

学校はもちろん、友達に会うことすら怖い。怖いものだらけ……というより怖いものしかない中学生になった僕は、（強がりたい年頃というのもあったのだろうが）目を逸らしたら負けと言わんばかりに人を睨みつけ、わざとらしく勉強を放棄し教師にも反抗し、つまり悪ぶることで必死に自分を守ろうとしていた。が、その実態はと言えば、毎朝、近所の親しい友達が誘いに来てくれるまで自室で身を硬く縮め、膝を抱えてブルブルと震えるまでになっていた。けれど幸か不幸か持ち前の負けん気だけは衰えず、「きのとく〜ん！」と呼ばれるとカラ元気を振り絞ってドアを開け、心は全力で拒絶している学校へと通い続けた。

敵なんてひとりもいないのに常に崖っぷちを歩き、他の誰かを演じているような日々が続く。苦しい胸の内は親にも友達にも先生にも打ち明けることができず、ひたすら孤独をさまよう。中学2年生になると自律神経がいかれてしまって「喉の詰まり感」や「手汗」などの身体症状が出はじめたり、午前中は顔も上げられないくらいに心が沈み、昼を過ぎるとだんだんテンションが上がってくるといった「鬱」の症状が現れたりするようになった（病院に行くことなんてまだ思いもつかなかった）。午前中に話しかけられると「お昼まで待って」と何とか答えていたのを、クラスメイトたちは不思議そうに、でもそのままに受け入れてくれた。けれども当時の僕は、そんな彼らの優しさに気づくこともできなかったのだ。

インターネットも何もない時代、どこからか伝え聞いた遠くのフリースクールに憧れ、勇気を振り絞ってすがった「いのちの電話」では「実はうちの子もねえ……」と話しはじめた相談員のおばさんの相談に逆に乗ってしまい、何も解決しないことを知った（なんでやねん)。当時の僕の数少ない救いは太宰治や坂口安吾などの、薄暗い純文学をむさぼり読むことくらいだったが、自身の苦悩や社会への疑問を詩にして新聞に投書しはじめたのは、「誰かに自分を分かってほしい」という切実な思いからだったのだと思う。紙面に掲載されればやっぱり嬉しかったし、掲載料のように贈られてくる図書券はなおのこと嬉しかった。

15歳、中学3年生のある日、心が遂に限界を迎える。夕方の暗い家で1人ぼんやりとドラマの再放送を見ていた僕は、ある若い登場人物が自殺する場面を目にしてしまう。理由は覚えていない。とにかくその若者はテレビの向こうで首を吊り、自らの命を絶ってしまったのだ。鬱が悪化し、常に死ぬことを考えるようになっていた僕の脳裏にその光景はくっきりと焼き付いて離れず、その夜、ふいにスイッチが入ってしまって、発作的に舌を噛み切ろうとする。死んで苦しみから逃れようとする自分を、生きようともがくもうひとりの自分が必死で止める、一人二役の大騒ぎだ。どうやら生きようとする自分が勝利したようで、何とか騒ぎは落ち着き「生き延びた」のだった。

世はバブル、テレビを点ければ謎の扇子を振り回して腰をくねらすお姉さまたちの、ワンレンボディコン姿が映し出され、日本は「先進国」「経済大国」として、グングンとのし上がってゆく真っ最中だった。そうした社会情勢と自分が置かれた現実とのギャップに引き裂かれ、「取り残されるな。悩ましいのは分かったけどお前も踊っとけ！」と自分を鼓舞する一方で、そんな上へ、上への価値観の中では生きてゆけない。だって今、現にこんなんなっちゃってるんだもの……という諦めを持ちはじめたのも、ちょうどこの頃だと思う。

学校を見るのも、人に会うのも怖い、でも休めない。そして恐らく傍目からは特に何かに困っているふうにも見えないというねじ曲がった状況は、高校時代はもちろん、「とにかく誰も自分のことを知らないところへ行きたい」と進学した京都の大学生活でも続いた。その日を生きることに精一杯だった高校3年生の僕に大学卒業後の就職率を考える余裕などなく、また就職予備校のような大学の在り方に疑問もあった。だから、できれば苦しい毎日の中でも掛け値なしに大好きだった絵か文学かを学びたいと思い、迷った末に文学部を選んだ。親しい友人もできたし、サークル活動もアルバイトもやった。申し分のない、それらしい大学生活ではないか。でも、大学の校舎を見るとやっぱり怖い。本当のことは、誰にも話せない。

頭の中が、ゴトゴトと

転機は20歳の頃にやって来た。旅館でのアルバイトの休憩中、暇つぶしにたまたま手に取った新聞の片隅に見つけた（本当に小さな小さな）「大学生の不登校を考えるシンポジウム」の文字に、僕は釘付けになる。……大学生の不登校？　そんなのこれまで聞いたことがない。灯り続ける赤信号に気づきながらも、体を引きずるように学校へと通い続けた長い長い日々。……これは僕だけの問題ではなかったのか？　期待と不安と緊張をないまぜにしながら迎えたシンポジウム当日、さして人を惹きつけるテーマだとは思えず、閑散とした様子を想像していたのだが、会場は100人ぐらいの聴衆で埋め尽くされていた。しかしそこにいるのは親と思しきシニア層の人々ばかりで若者の姿はほとんどない。遠慮がちに、チラチラと僕に向けられる視線が痛くて一層、緊張が高まる。

シンポジウムは二神能基氏（引きこもりや不登校、ニートの若者たちの再出発を支援する「NPO法人ニュースタート事務局」代表）による講演会のようなものだった。穏やかなトーンで語られる二神氏の言葉に、僕は体の表裏が引っくり返るくらいの衝撃を受ける。

「目的を持て、自立しろ、人に迷惑をかけるな、この3つの言葉に今、多くの若者が苦しんでいる。馬鹿なことを言いなさんな。目的なんか持たなくたって生きていけるし、自立なんかしなくてもいい。迷惑をかけ合いながら生きるのが人間というものです」

今でこそ誰もが知っている「引きこもり」という言葉が世に出るか出ないか、そんなタイミングだったと思う。僕は数多くの若者たちが、自分と似たような（多くの場合、もっともっと深刻な）苦しみの中を生きていることを知った。そして大人が無言のうちに求める「こうあるべきまともな姿」に知らず知らず過剰に縛られ本来の自分を殺し、自分を苦しいほうへ苦しいほうへ追いやっていたことに、ようやく気づかされたのだ。

10歳の頃から抱きはじめた数々の恐れの根源にあったのは「学校という絶対的なレールからはみ出してはいけません。1度踏み外したらハイ、人生おしまい!」という強迫的な不安と同調圧力だったのだと思う。誰かから直接そんなふうに聞かされたのではないのかもしれないが、その声は確かに僕の中に、深く深く刻み込まれていた。でも違ったのだ。これまで通りの一律的な生き方や価値観ではもう社会がもたなくなっていて、多くの人が物質的な豊かさの陰で、言葉にし難い生きづらさを抱え、声にならない叫びを上げはじめているのが今という時代なのだ。中学生の頃、転がり落ちるような毎日の中で「日本の何が先進国だ?」と詩に綴ったあの感覚は、たぶん間違っていなかったのだ。

衝撃だった。頭の中で、何かがゴトゴトと音を立てて動き、組み替えられているようだった。ヤバい。これはヤバい。僕はひょっとしてヤバいセミナーに参加して、強烈に洗脳されてしまったのかもしれない。衝撃と混乱を自分だけでは到底抱えきれず、矢も楯もたまらず実家に飛んで帰り、これまでの人生に起こってきたことを夜中までかかって全部打ち明けた。我ながら甘えん坊根性丸出しだが、「なぜ気づいてくれなかったのか。今からでもいいから分かってくれ」と両親に詰め寄ったのだ。

突然のことで驚いたに違いないが、父も母も真剣に耳を傾けてくれた。結果として父には「分からない」と思い切り言われてしまったが、僕はむしろこの言葉にほっとした。分かったふりをするのではなく、本音をストレートに返してくれたことが嬉しかったし、逆に分かったような顔をされた日にゃあ、とんでもない大喧嘩になっていたかもしれない。また母は母で「(あなたは) いつ死んでもおかしくないと思っていた」というなかなかの一撃を繰り出してくれたのだけれど、ああ、ちゃんと見てくれてたんだなあと感じたし、同時に「いつ死んでもOK」が公式表明されたような気がして、やはり深い安心感を覚えたのだった。

現実的な何かが好転したわけでもないし、先行きは変わらず不透明で不安だらけだったけれど、僕の心は考えられないくらいに軽くなり、これまで感じたことのないような自己肯定感に包まれていた。過去を受け入れ赦すことは、今と、そして未来を肯定することでもある。そうして僕の人生は少しずつ変わりはじめる。

日本中が踊り狂ったバブルは弾け、超就職氷河期を迎えていた2000年前後。僕は鬼気迫る表情で就職活動をはじめる同級生たちを尻目に「就職はしません」宣言をし、引きこもり支援のNPOに参加したり、演劇の世界に関わったり、縛られ続けた「まとも」から外れた道を模索しはじめた。

この頃、京都市内のある居酒屋で、僕は偶然「しゅうさん」という人と隣り合わせ、意気投合して言葉を交わす。親子ほど年の離れた僕を気に入ってくれたしゅうさんは、ときに他の客に「わしはお前が嫌いなんや！」などと一触即発の喧嘩を売りながら、京都のディープな飲み屋を朝方まで次々に連れ回してくれた。

元学生運動の闘士だったという彼は、カリフォルニアで長く暮らしたことがあったり、ベルリンの壁崩壊直後の東欧諸国を点々としていたり、外国人の俳句を日本語訳するという仕事を持っていたり、あの9・11米同時多発テロを「ショービジネスもここまで来たか」と評したりと、聡明かつユーモアに溢れた規格外の人物であった。酒を飲んで上機嫌のときには「みんなでみんなでルルンルル〜ン♪にいちゃん、ねえちゃんルルンル〜ン♪」と自作のええ加減な歌を歌い、一方で酔いが深まると決まって悲しい目をして「わしは死にたいんや」などとぼやきながらも、その素顔は若く頼りない僕をいつも気にかけてくれる、心優しい人であった。

しゅうさんはやがて、僕が参加していた引きこもり支援の現場にも関わってくれるようになった。活動は新聞やテレビでも何度か取り上げられたが、大阪で開催されたあるシンポジウムに僕たちが登壇し、会場からの質問を受けるその様を見て、彼は手を上げマイクを手にし、静かにこう言い放った。

「檻の外から檻の中を見つめているような視線を感じる」

心にグサリと突き刺さった（今でも突き刺さったままだ）。思わず涙がこぼれた。メディアや大人たちの、どこか物珍しげで、まるで腫れ物に触るような態度への苛立ちや違和感の正体をズバリと言い当て、白日の下にさらしてくれたことがとてつもなく嬉しかったのだ。彼自身が決して（世に言う）まともとは言えない人生を歩んできた人だからこそ、そうした目線に敏感だったのだろうし、よく考えてみたら本当の檻の中も経験している人なのだから、そりゃあこんな鋭すぎる言葉が出て来ても不思議ではない。

地獄のパラダイスで出会った人たち

就職はしないと決めていたものの、２０００年に大学を卒業した僕は生活の糧を得てゆくため、当時しゅうさんが生業としていた「遺跡発掘」の仕事を紹介してもらう（同じ頃、彼には住処も紹介してもらったし、料理も教えてもらったし、とにかく世話になりまくった）。すぐには採用されず、他のアルバイトで食い繋ぐ数カ月を経て、「明日から来い」という雑な連絡を唐突に受けた。いよいよ発掘現場へと向かう日。朝早くに指定された場所に行くと、そこには古い、味がありすぎるマイクロバスがひっそりと停まっており、車内では日に灼けた男たちがボロボロのシートに腰を沈めていた（正直に言ってめちゃくちゃ怖かった）。行き先も知らされず、無言のマイクロバスに揺られ不安の中で辿り着いた先は、それまで見たことのない深く碧《あお》い粘土質の土に覆われ、ひび割れた広大な大地。「……地獄？」と思ったが、むしろその浮世離れっぷりに不安も緊張も吹き飛び、何だかパラダイスな気持ちになってしまった。

遺跡発掘の先輩の多くはバンドマン、役者、彫刻家などの若いアーティストか、日雇い労働で食い繋ぐ流れ者のおじさんたち。大きな現場だったので、100人くらいがその地獄のようなパラダイスで汗していたと思う。会社から安く買える弁当は「腐ってる」という評判だったのだが、初日に「要るか？」と言われたのでうっかり注文してしまい、一口食べてその個性的すぎる味に絶句、評判の確かさを我が身を通じて実感した。

ツルハシを振るって来る日も来る日も土を掘ったり、細かい道具を使って遺物を傷付けないように掘り出したりしているうち、少しずついろいろな人と打ち解けてゆく。生き方も遊び方もハチャメチャな若いアーティストたちとの交流は刺激的で、イベントに誘われたり、悪い遊びを教わったりもしたが、それ以上に流れ者のおじさんたちから受けるインパクトは強烈だった。それがどんな感じだったかと言うと、「兄ちゃん、年なんぼや?」と尋ねられるので「22です」と答えると、「その年やったらシャブが楽しくて仕方ないやろ?」と言われる。「いや、打ったことありません」と返すと、「まさか。信じられない。なんて常識外れなヤツなんだ、お前は……」みたいなことを真顔で言われてしまう感じである。

雄々しく我が道を行く人、我が道以外生きられない不器用な人、こうなるはずじゃなかった今を生きる人。そこには「こうあるべきまともな姿」から大幅に路線変更した、これまで出会ったことのない人たちがいて、過去も学歴も肩書も貴賤も年齢も関係なく、誰もがありのままでいてもいいような、不思議なおおらかさが漂っていた。しかしながら、明日のことも分からない今を体ひとつで生きる「人間丸出し」の人たちに揉まれる毎日は、居心地の良さを感じる反面、何も語るべきことのない、つまらない自分に劣等感を感じ、焦る日々の連続でもあったように思う。20歳で手にした自己肯定感がすっかりなくなってしまったわけではないが、強い一発の効き目はやはり長続きしないのだ。

真夏は炎天下、真冬は寒風吹きすさぶ中で繰り返す肉体労働は当たり前に厳しく、事故や熱中症などで命を落とす人も少なくなかった。ある真夏の日、灼熱のテントの中で作業をしていると、そのうちに何だかおかしくなってしまった。足元がフラフラして真っすぐに歩くことができない。積み上げたコンテナボックスの右側にただ丸いシールを貼るという超単純作業がなぜかうまくいかず、ついつい左側に貼ってしまう。つまりかなりヤバめの熱中症によって意識障害を起こしていたわけだが、それ以上無理をせず、救急病院に駆け込んで心から良かったと思う（そして後日支払うはずだった治療費を踏み倒してしまったことは悪かったと思う）。また、ついさっきまで仲良く働いていた人が、「お前、明日から来なくていいぞ」とあっさりクビになって、次の日にはまるで最初からいなかったかのように姿を消していることも日常茶飯事だった。そして僕自身も力のなさか不況の影響からか、徐々に現場に呼ばれない日が増えはじめ、勤めて2年ほどでこの仕事を辞めなくてはならなくなった。

自分に埋め込まれた、小さくかしこまった常識では測り切れない現実をまざまざと見せつけられる日々の中、僕はいつしか「25歳になったら身を固める」という、何ともいい加減な人生の指針を持つようになっていた。けれど24歳で無職となった僕に、特にやりたいこともなければ就きたいと思う仕事もない。人がどんなふうに生きてもいいことは十分に学んできたが、かといってこれから自分がどうしたいのかは皆目分からない。じゃあ、成り行き任せでいいじゃないかと開き直ることもできず悶々とする。悶々は次第に手に負えないくらいに肥大化し、再び激しい自意識と葛藤の渦へと自らを引きずり込んでしまった僕は、身を固めるはずの25歳を前に、すっかり心身のバランスを失ってしまう。

そもそもこのあやふやな目標値の設定には、長く患い、死期が近づいていた父を早く安心させたいという思いがかなり影響していたように思う。つまり僕は元来が生真面目な性格のため、知らず知らずのうちに「こうあるべきまともな姿」モードをまたうっかりと発動させていたのではないか。別になくてもいいものだけれど、目標を設定すること自体は何も悪いことではない。けれど「親を安心させたい」というような、つまりモチベーションを自分の外側に置くようなやり方はあまりよろしくないし、少なくとも僕には合わないのだと思う。

考えてみれば「就職しました」とか「結婚しました」とかいう、「いかにも」な一区切りが誰かの一時の安心に繋がったとしても、じゃあ、その先がずっといい感じで幸せか？なんて誰にも分からない。実際、その後就職した先でパワハラにあいまくる僕の姿を知り、「お前のことだけが心配や……」と言いながら父は死んでしまった。笑えない、でも笑うしかない。

頬は痩せこけ、ときには歩くのにもふらつき、眠ろうと目を閉じれば眩暈《めまい》に襲われる。自分に全然優しくないそんな状況は、「社会が」「同調圧力が」とか言う以前に、僕自身の持って生まれた気質、あるいはクセのようなものが呼び込んだものだと思う。確かに考えることは大事だけれど、人ひとりが頭をいじくり回して解決できることには限界があって、ここから先はアタマじゃなくカラダ担当！という段階があるのだろう。染みついてしまったクセを治すのはなかなか難しいものである。

そんなわけで「これはカラダのほうの問題です」という啓示に見舞われた僕は、人に相談したり自分で調べたりするうち「和太鼓」に思い至り、京都・岩倉で活動する和太鼓集団「婆沙羅《ばさら》」に加わることを決めた。婆沙羅の稽古場は街の喧騒を離れた、夜は真っ暗闇になって何にも見えなくなるような山中にあった。もちろんすべて和太鼓のおかげなんてことはないだろうけれど、そこで全身を使ってリズムを刻み、汗だくで躍動することを思い出した僕の心身は、いつの間にか元気に悩めるくらいに回復した。

ちなみに「心を過剰に追い込む自分に優しくないクセ」は今も変わらず僕の一部である。スウィング設立から半年経った頃にはストレスから「パニック障害」を発症、10代からはじまった鬱や自律神経の失調は今でも思い出したように顔を出す。だから「ああ、これアカン……」となるたびに「アタマじゃなくってカラダ！」と言い聞かせながら、まあ何とか仲良く付き合い続けているし、あれから15年以上が経った今も、僕は変わらず婆沙羅の一員として和太鼓を打ち鳴らしている。

ハロー！ 独裁国家

さて、そんな迷える日々の最中、障害のある人に関わる仕事を経験してきた友人・ゆりちゃんが、「毎日笑えるよ」という言葉をふいに投げかけてくれる。あれは本当にさりげない、何とはなしに発せられた一言だったと思う。けれど「給料がいい」とか「安定している」とか「将来性がある」とか、耳にタコができるくらいに聞かされてきた職業観にはまったく心が動かなかった僕にとって、それはまるで魔法のようなメッセージだった。……毎日笑える？ なんて大人げなくって、なんてくだらなくって、なんて素敵な響きなんだろう！ 新たな道しるべを手にした僕は、迷うことなくその言葉だけを信じ、「障害福祉」と呼ばれる世界に身を投じることを決めたのだった。

ハローワークでせっせと就職口を求め、僕は京都市内にある障害者の「福祉的就労」を支援する福祉施設の職員として働きはじめた――25歳からは少しはみ出し、26歳になっていた。小学校、中学校、高校と上がってゆくにつれ、僕の周りからも不自然に、けれど確実に姿を消し、いつしか「いないこと」になっていた「障害者」と呼ばれる人たち。そこでは「利用者」として働く彼らが（やはり不自然に）大多数を占めていたものだから、どんなに偏見の目をなくして見ようとしても、それはなかなかどうして強烈な風景だった。不謹慎かもしれないけれど、「皆さん、こんなところにいたのですか！」と面食らってしまった（この本に登場するほとんどのスウィングの人がすでにそこにいた）。そして彼らの「こうあるべきまともな姿」からのはみ出しっぷりは半端ではなく（だからおもしろく）、もはや「まとも」ってどんなんだっけ？と、心地良く脳を揺さぶられるような衝撃を受けた。

一方、そこでは圧倒的少数派である健常者、つまり「職員」たちに対して抱いた思いは「なんてびっくりするくらい、つまらない人たちなんだろう……」である。福祉という制度の中で「健常者」「障害者」、つまり「職員」「利用者」、言い換えれば「支援者」「被支援者」が分かりやすく二分化された構造は、いくつもの支配的なルールを生み出し、たとえば職員は利用者から「先生」などと呼ばれていた。最初は最先端のギャグかと思ったが、残念ながらそれが当たり前の世界だったのだ。

先生たる職員の仕事は利用者を、社会が求める「こうあるべきまともな姿」に当てはめること。「もう、それ絶対無理!」というのは皆分かっているというのに、他の方法を考えるのではなく、むしろ「できないあなたが悪い」からまた指導・訓練するという不毛なループが延々繰り返され、支配的構造が強化される。

一体何のためにそんなことを?と考えるのがむしろまともじゃないかと思うのだが、職員たちは悪意なき矯正に躍起になっており、その一方で自分たちを雇用する経営陣への服従っぷりも異様なほどだった。弱いものに強く、強いものには弱いという最悪の構図である。この状況を分かりやすく「北朝鮮」と表現していたのは、出来上がった菓子箱を運ぶトラックの運転手だった。

職員や利用者という立場を問わず、経営陣に何かを意見することは決して許されない。意に沿わない者は大勢の前で罵倒されたり、ありもしないことを捏造され吹聴されたり、ひどい嫌がらせを受け退職に追い込まれるという、密室的なパワーハラスメントが常態化していた（次々に人が辞めて給与が上がらないため、初任給はいつも高水準に保たれていた）。しかし職員たちは「利用者の混乱を避けるため」という言い訳を隠れ蓑にして不当な現実と戦おうとはせず、だんまりを決め込んでいた。

思いもかけず、とてもじゃないけど笑えない日々に直面し、僕は意気消沈した。けれど「郷に入れば郷に従え」とも言うし、せっかく得た堅気の仕事を簡単に失いたくもない。「始業時間の40分前には出勤する」という意味不明のルールを守り、赤い靴で出勤すると「その派手な靴はやめろ」と言われ、机に片手をついて立っていると「しっかり立て」と叱られたりしながら、何とかその場に馴染もうと、そのうち案外馴染めてしまうんじゃないかと未来の自分に期待しながら、僕なりの努力を重ねた。岡本太郎の『強く生きる言葉』をデスクの引き出しに忍ばせ、毎朝その言葉に鼓舞されながら。

……が、やっぱり全然無理だった。それどころか「何かが確実におかしい」という思いはどんどん膨れ上がり、入社から半年ほど経ったある日、僕は遂に腹を決めて開き直った。もう我慢は限界、どうなってもいいから好きなようにやろう。おかしいと感じることは見過ごさず「バラエティ豊かな嫌がらせやクビの不安に怯えず、安心して働ける職場」を目指して、自分なりの職場改革を、すべてやり尽くしてみよう。

そうと決めたら後はやるだけ、失うものは何もない。まず僕は小さな、くだらないルールの破壊からはじめることにした。よし。先生という役割を演じるのをやめ、二分化された職員と利用者の関係性をないものにして、人付き合いをしよう。

職場の3階は出荷前の菓子箱を保管しておく人気のない倉庫だったのだが、ある日、出来上がった製品をアッキーと運び終わった後、どういうわけか僕たちは、社交ダンスのようなものをその場で踊っていた（たぶんそのスペースがとても広かったからだ）。もちろんどちらが先生でも教え子でもない。後にスウィングを共に立ち上げ、今も最大の相棒である西川君（当時は先輩職員であった）は、たまたま僕たちの姿を扉の陰から見てしまい「衝撃を受けた」のだという。まあ無理もない。北朝鮮の軍事工場みたいなところで、おっさん2人が気が触れたように舞い踊っていたのだから。

また、入社当初は、休憩時間に床の上へダンボールを敷いて昼寝をすることが好きだったのだが、「みっともないことをするな」と先輩職員に叱られて以降はしおらしく一時中断していた。が、開き直りとともにこれを再開、叱られても「休憩時間くらい好きなように過ごさせてもらいます！」と聞く耳を持たないようにしていると、そのうちこのダンボールシエスタは大流行。気がつけば集団催眠か化学兵器テロでもあったかのようにそこら中に人が寝ている風景が常態化し、最終的には僕を叱った先輩職員でさえ、その輪に加わり気持ち良さそうに眠るようになった。

いたずらに反抗的な態度を取っておもしろがっていたわけじゃない。僕は過剰なルールと支配的な空気によって硬直化していたその場に、人間らしい「自由」のようなものが欲しかったのだと思う。

仲間を探して

こうしているうちに、仕事は徐々に楽しいものへと変わってゆき、いつしか「毎日笑っている」自分に気づく。ゆりちゃんの言葉は嘘じゃなかった。けれど独裁国家に自由はない。国家中枢部は僕に対する嫌悪感を少しずつ露わにしはじめていたし、ひとりで改革を進めるのは正直心細い。そんな折、中枢部にも好かれ、表面上はこの上なくうまくやっているように見える西川君が、好きなように振る舞いはじめた僕を横目でニヤニヤと見ていることに気づく。こいつはどこかヤバそうだ。自分には仲間が必要だし、いい加減、誰かの本音を聞いてみたい。

ある日、僕は勇気を出して彼を飲みに誘い、今はもうなくなってしまった木屋町通り沿いにある地下の居酒屋で初めて酒を酌み交わした。そして彼が同じように職場の異常性を感じており、相当無理をして適応していることを知った。酔いも回って「僕は木ノ戸さんからどう見えてますか？」と尋ねられたときには、少し考えて「よどんだ暗い闇」

と答えたのだが、彼は「バレてたんかあ」と嬉しそうに笑っていた。恐らく彼は、適応したふりをしながら、それなりにやってゆけるタイプの人間だったのだと思う。でもついうっかり、僕のルール破壊を嬉しそうに眺め、笑ってしまった。当時はまだ気づかなかったけれど、僕はこのとき無二のパートナーを得たのであり、この夜こそがスウィングの「はじまり」だったのかもしれない。

僕たちはさらに味方を増やすべく動きはじめた。「腰抜け」と決めつけていた同僚や大嫌いだった先輩職員にも暑苦しく思いをぶつけ、本音を言い合えるようになると、次第にその人たちのことを大好きになっていった。皆、心の底ではおかしな現状を憂いていたものの、どう動いていいか分からず諦めていたのだ。互いを知り合って最も良かったのは「おかしい」と感じることを「おかしい」と言い合える環境ができ、その改善に躊躇がなくなったことだと思う。

管理的な職場の雰囲気が少しずつ緩んでゆくその一方で、これらの動きを徹底的に嫌う経営陣の「当たり」はますます強くなり、解雇通告を連発されるようになった。僕の返す言葉はただひとつ「辞めません」だったわけだが、言うまでもなくこうした状況は精神的にかなり堪えた。僕や西川君のように、その気になればヤケクソになれてしまう人間はまれで、仲間の中で多少の温度差があったことも否めない。途中で「申し訳ない」と辞めていった人もいた。けれどやっぱり、どう考えても1人で戦うことは無理だったし、辛いときにも話し合い、笑い合える人間関係があったからこそ不器用ながらもベストを尽くすことができたのだと思う。岡本太郎の言葉も大切だったけれど、やっぱり必要なのは生の、人間の仲間だった。

今、僕のような者にもときどき、職場の悩みを持った人からの相談が寄せられる。そこからは「もうとっくに終わっている」旧来のやり方や仕組みを維持しようとするおじ様（とおば様）たちが、若い人たちの新しいアイデアを握りつぶし、しょうもないプライドを汲々《きゅうきゅう》と守り続ける様が垣間見える。結局のところ、どんな環境であっても「やる人はやる」し、「やらない人はやらない」ことも知っている。けれど多くの場合、決断と行動には時間がかかるものだし、それを取って代わることは誰にもできない。そこで僕はいつも「仲間を探してください」と伝えるようにしている。

我ながらどうしようもなく陳腐な言葉だなあと思うが、これは僕の中での確かな経験則である。舌を噛み切らんばかりに苦悩した十代の頃、本当のことを話せる相手はひとりもいなかった。まだ自分の開き方がよく分からなかったこともあっただろうし、あまりにも世界が狭すぎたのだとも思う。でもあの頃、ひとりでもいいから、誰かと悩みを分かち合えていたなら、もっと自然に息ができていたかもしれない。その他大勢からどんなふうに言われたっていいから、思いを同じくする人を見つけ繋がること。「仲間がいればうまくゆく」のではなく「ただ仲間がいること」が大きな助けになる。今、何らかの苦境にある人には、勇気を出して自分を開き、（SNSでも何でも使って）恐れず仲間を求めてほしいと思う。

そして「やりたいことはやったほうがいい」という世の風潮もちょっと疑問だ。とにかくやればいいというのは幻想で、脱サラしてラーメン屋になって成功した人の話は伝わってくるけれど、失敗して借金まみれになって自殺してしまった人のストーリーをメディアはあまり流さない。そして「やめる」ことや「逃げる」ことも、「やる」と同じくらいに大きな決断だと思うし、むしろそっちのほうが難しく、勇気が必要な場合も多いのではないだろうか。だから「やめる」や「逃げる」を選び取った人も堂々と胸を張ってほしいいし、心からの賛辞を送りまくりたい。

スウィング発足前夜

西川君との「思い出の熱い夜」からおよそ2年後、様々な人の思惑が交錯し合った状況はまるで『仁義なき戦い』で描かれた広島ヤクザ抗争のようにますます混沌とし、僕たちはにっちもさっちもいかない袋小路へと追い込まれていった。

2005年の夏、僕は決断する。もうやるだけのことは十分やった。そろそろ舵を切りなおそう。実は、僕の心の内には入社半年後の開き直りとほぼ時を同じくして、障害者と区別され、社会の片隅でひっそりと生きる人たちと共に「何かおもしろいことができるかもしれない」「新しい、けれど普遍的な何かを生み出せるかもしれない」という希望がはっきりと芽生えていた。と言えば聞こえはいいが、そんな綺麗ごとではなく、たとえここでなくても、すでに出来上がった組織ではうまくやっていけないというおぼろげな自信が、この頃にはもうはっきりとした確信に変わっていたのである。「独立」には、そんな自分が何とか社会と折り合い生き延びてゆくための、まったくもって個人的な、切実な背景があったのだ。

　僕たちは秘密裏に、そして即座に設立準備会を発足、僕と西川君は決意表明から3カ月後には退職し、翌年4月の事業開始に向けて東奔西走をはじめた。あんなことがしたい、こんなことがしたいと計画を練り、たとえば法人の「定款」づくりであるとか金勘定にまつわることとか、実務的な事々も学んだ。増田さんやミサさんや、脱北を図りたがっている（ように見えた）人たちにこっそりと声をかけてさらに仲間を増やし、新たな計画が途中で潰されることがないよう、慎重に事を運んだ（当時、手のつけられない問題児だったQさんから「スウィングに行きたい」と聞かされたときにはかなりへこんだ)。寄付者や会員を募り、まずは1年間を乗り切れる資金を何とか集め、事業の拠点となる素晴らしい場所も様々な人の協力を得ながら見つけることができた。

そうしてあっという間に迎えた2006年4月、「NPO法人スウィング」は京都・上賀茂の地に産声を上げ、何とかよちよち歩きはじめた。

ギリギリアウトをセーフに。どうしようもない弱さを強さに。そして、たまらん生きづらさをユーモアに。熱い理想を胸に口火を切って早12年。世の規定値を疑い、迷いと葛藤の絶えない歩みの中、それでも希望と突破口を与え続けてくれたのは、多くの人の「驚くべきいい感じの変貌」だったように思う(ヘタクソか!)。

いつも下ばかり向いていた増田さんが子ども相手にヒーローを演じるなんて。あんなに暴力的だったQさんが初対面の人の似顔絵を描くなんて。不安と緊張だらけのかなえさんが朝礼で発言するようになるなんて。でも増田さんは、Qさんは、かなえさんは、本当に「驚くべきいい感じの変貌」を遂げたのだろうか。何だか少し違う気がする。たぶん彼らは変わったのではなく、本来の、混じり気のない、素っ裸の自分へと還っているのだ。進歩とか成長とかではなく、知らず知らず背負ったり背負わされたりした荷物を少しずつ下ろして身軽になってゆくような、乾燥して縮んだワカメが水で戻ってゆくような、見失ってしまった三つ子の魂を取り戻すような、そんな感じなのではないか。

ちなみにスウィングは元学習塾の古い校舎を活動拠点としているのだが、事業をはじめてしばらく、僕はその空間に対してかなりの恐怖心を抱いていた。なぜならそこには下駄箱があり、大きな黒板があり、塾生たちが残した生々しい落書きがあり、まるであの、恐ろしい学校のようだったからだ。幸いその恐怖は日々を重ねるうちに次第に薄らぎ、今はもうすっかりと消え失せている。

寄稿

救う人、救われる人

稲垣えみ子

この本を読んで、いろんな感想を持つ人がいると思う。

面白かったとか、笑えたとか、救われたとか、癒されたとか。もちろんそれは全部その通りなのだ。何しろこの本に登場する愉快な人たちの愉快なエピソードには、その全てが間違いなくみっしりと詰まっている。でもきっと、もっとこう、なんというか、そういうわかりやすい言葉だけでは言い表せない、何かずっしりとしたものを感じた人もいるんじゃないだろうか？

私は、そうだった。

なぜならこの本には、私が今切実に求めている、これからの長い（短いかも知れないが）「老後」を生き抜くための知恵が詰まっていたのだ。

私は心の底からナルホドと思い、そして明るい希望を持った。

……え、だからなんなんだって？　ハイ、もちろん誰もが老後に悩んでるわけじゃないでしょう。ですが人の切実な行き詰まりとは、対象はどうあれ案外とその原因の根っこは同じだったりするんじゃないだろうか。

なので、全くの私事になり恐縮だが、そのことについて書いてみたい。

ここで少し自己紹介をすると、私は今53歳である。バブル時代に大学を出て大手新聞社に就職。伝統ある大組織で働く苦労はそれなりにあったにせよ、時代にも人にも運にも恵まれすぎた人生であったと思う。ところが次第に世の様相が変わってきた。景気は悪くなり、会社も先行きが見えなくなった。人は減り、仕事は増え、将来の打開策もない。なんだか、それまで当然のように思い描いていた幸せってものがどうも少しずつ遠のいていく感じであった。とはいえ今すぐ会社が潰れるわけじゃなし、まあギリギリこのまま一生逃げ切れるか……などとぼんやり考えていた。そんなナメた中年であった。

ところがどっこい。そうは問屋が卸さなかったのである。

50を前にしたある日、我が世をひっくり返す事件が起きた。母の突然の病が発覚。しかも母はなんとあの、現代人の誰もが恐れる「認知症」になってしまったのである。

慌ててニワカ勉強をした我が家族は、本人がどんなにおかしな行動をとっても責めたり問い詰めたりせず受け止めることが対応のコツと知り、そのように努力した。それが奏功したのか、母はいわゆる問題行動を起こすことはほぼなかった。でもそれは表面上のことで、誰もが心に絶望を抱えていた。

おしゃれで頭が良くて、何事もキッチリしていた母。その母が確実に一つずつ「ダメ」になっていく。手は震え、服装は乱れ、背中は曲がり、歩くことも食べることもうまくできなくなっていく。私はそのことが許せなかった。大好きな母が母でなくなっていくことが怖かった。でも誰より母自身が絶望していたのだと思う。だって、おしゃれも、お料理も、人より努力して、人よりも上手くできることが母のプライドだったのだ。それがいきなり、努力が通用しない世界に放り込まれたのである。何をやっても人より「劣っている」のである。そして「劣っている」ことは増えていく一方なのである。母は人前に出ることを嫌がるようになった。説得して外に連れ出しても、知っている人が近づいてくると気の毒なほど全身を硬くして緊張していた。母は自分を恥じていたのだ。スポーツクラブもやめ、髪を切りに行くのも歯医者に行くのも抵抗するようになった母は、家で居眠りばかりするようになった。そしてますます縮んでいき、周囲を悲しませた。

我々は何と戦っていたのだろう。

もちろん全ては病のせいである。でも本当にそうだったのだろうか。

そうじゃなかったのだと思う。我々の巨大な敵は我々自身であった。我が家族は「できなくなること」「失っていくこと」への備えが全くできていなかった。それはダメなことだという価値観を信じ切って生きてきた。一生懸命勉強し、働いて、就職し、家を買い、子を産み、子を一流大学に入れ、老後も趣味や付き合いを絶やさず、前へ上へと日々頑張っていた。それが両親の良き人生であった。そしてその子供も価値観を疑うことなく生きてきた。しかしそれは、母の病により一瞬にして暗転したのである。

動きたがらない母に、我々家族は、頑張って歩こう、できることはやろう、脳トレ頑張ろうと繰り返し言う。だが母は悲しそうにうなずくだけで動こうとしない。そしてある日、そんな耳タコの励ましを受けた母は顔をしかめ、悲しそうに言った。「年を取っちゃいけないの?」

一瞬の沈黙。いや、そんなことはないんだよ。でもさ、ちょっとでも元気でいて欲しいからさ……と言いつつ、ああそうなのだと思う。母の言う通りなのだ。我々は母が「年をとること」が許せなかったのだ。

認知症とは急速な加齢である。加齢を止めることはできない。そのシンプルな事実を我々は受け入れることができなかった。いちいちギョッとして、その進行を少しでも遅らせたくて、母を叱咤激励する。でも考えてみれば、それは母の存在の否定以外の何物でもないではないか。それでも「頑張れ」と言ってしまうのはなぜなのか。「できない」という現実にただただ肩を落としてしまうのはなぜなのか。そんなふうに、周囲の人に「肩を落とされ続けて」、つまりは期待を裏切って生きなければならなかった母の悲しみを思うと泣けてくる。

で、私は遅まきながら考えたのである。

できないこと、できなくなること。それは本当にダメなことなんだろうか？　阻止しなければならないことなんだろうか？　もしそうなら我々はどうやって歳をとっていけばいいのだろう。歳をとるということは「できなくなること」の連続である。その度に敗北感に打ちひしがれ、絶望のうちに死んでいかなくてはならないのだろうか。

逃げ切れるだって？　そんなナメたことを言っている場合ではなかった。ふと気づけば、私にも老いは他人事ではない。というか、すでに私も老いの入り口に立っているのである。

ことここに至り、私は心から決意した。

何としても自分を変えねばならない。価値観を変えねばならない。「失っていくこと」は敗北ではない、「できないこと」は惨めではない、っていうか、むしろ楽しいかも……などと考えることはできないだろうか？　いやわかっている。どう考えても無理がある。だがいくら無理であってもこの転換はどうやったってやり遂げねばならぬ。そうでなければこれからの我が人生は地獄である。

こうして私の独自の戦いが始まった。

50歳で会社を辞め、溜め込んでいたモノもほとんど手放した。まずは奪われる前に自ら失う作戦である。こうして「楽しく閉じて行く人生」への迷走が今も続いている。

で、この本は、まさに「失った人」「できない人」「回復することのない人」たちの物語なのであった。

その名を「障害者」という。

しかし読み進めるうちに、そもそも障害って何だろう？ということがわからなくなってくる。つまりは、できないとは何だろう、できるとは何だろう？と混乱してくるのである。

そのくらい、彼らのエピソードは愉快なことに溢れているのだ。

なぜだ？　なぜなんだ？

実はあまりのことに、まだちゃんと頭が整理できているとは言えない。なので、なんとか理解できたことを理解できた範囲で、箇条書きにしてみた。

①我々は狭い思い込みで自分たちを縛っている

「健常者」の物語が全部愉快ってわけじゃないのと同様に、「障害者」の物語が全部愉快ってわけじゃない。じゃあなぜこの本は愉快なのか？　それは、彼らのいる「スウィング」という場所が、「できない」ということにこだわっていないからである。こだわらなければ敗北も失敗もない。そしてこだわらないだけで、なぜか「できる」がどんどん増えてくるのである。仕事が生まれ会話が生まれ笑いが生まれ詩が生まれ絵が生まれ……っていうか、これって考えてみたら、人生に必要なことの全てじゃないですか？　だとしたら、できるとかできないとかって一体何だったんだ？

というか、おそらく我々はいつだって「できない」ことをなくすこと（そんなこと本当はできるわけないのに！）にこだわりすぎて、そこに尽きることのないエネルギーを注ぎすぎて、「できる」ことをほったらかしにしているのだ。いやいやいや思えばどれだけ無駄なことをしているのだろうか。そして、今度はそんな余裕のある心で「できない」を改めて見てみると、「できない」はダメなことでも無くさなきゃいけないことでもなくて、いやもちろん「できない」という事実には全く変わりないのだけれど、なぜかほとんどチャーミングと同義語になっていたりするのである。

②お金に支配されるな

ああならばなぜ我々は、できるとかできないとかにこだわってしまうのだろう。そのことも、この本にはちゃんと書いてある。全ては「お金を上手く儲けられるかどうか」ということなのだ。それが「できる」と「できない」(ひいては「いい」と「悪い」)を分けているのである。

改めて考えると、お金はもちろん大事だけれど、所詮は道具だ。

人が幸せになるための道具の一つ。それだけのこと。ところがその道具が、いつの間にやら我が物顔に人の「価値」まで決めてしまっているんである。で、我々自身もそれを当たり前のことのように認めているんである。で、その価値が低いと決めつけられた人の人生を暗くしたり窮屈にしたりしているんである。で、我々自身もいつその「人生を否定される側」に回りやしないかとビクビクしているのである。それってどう考えても変だよね?

ナルホド。いや言われてみれば本当にそうである。

③思い込みを捨てたら世界は爆発的に広がる

そして愉快なのは、この、お金が支配する「できる」とか「できない」とかを取っ払った途端、ガチガチにみんなを縛っていたロープみたいなものが緩み、いろんなことが爆発的に生まれてくるらしいのである。イライラは笑いに、無用な緊張は明るい熱意に、敵は友達に変わり……いやそんな理屈を並べるまでもなく、この本に地雷のごとく散りばめられた詩を読めばもう誰も何も言えないよ！　だってこの、どんなにカタクナな人の心のガッチガチの栓をも有無を言わせずプシュウと抜くような、破壊的なパワーに溢れた「障害者」のポエムと言ったら！

正直なところ、私は猛烈な嫉妬を覚えた。一体全体、私にもこんなものが書ける日が来るんだろうか？　そんな気がしないのは、私がどこまでいっても力みかえっているからである。小賢しく「できる」世界にしがみついているからである。力を抜くことこそがクリエイティブの肝とわかっちゃいるのだ。わかっちゃいるんだが「健常者」である私は考えすぎて力を抜けないのである。そう「健常」が「障害」になっているのだ！

いやもう、訳がわからない。全くわからない。でも、少なくとも老いていろんなことができなくなっていくことを恐れることなんてないんじゃないか？　ただ胸を張って「できない」を受け止めればいいのだ。だってその時こそ私にも本当のクリエイティブがやってくるかもしれないんである！

④ダメなことはダメじゃない

……と、私はなんだかよくわからないながらもすごい希望を持った。

でも同時に深く落ち込みもしたのである。母の「できない」を認められなかった自分の小さ さ、狭さがもたらした罪を改めて考えざるをえなかった。思えば母にもできることはたくさんあったのだ。ユーモアもあったし、嬉しいことがあった時の心が漏れ出したような笑顔は元気な時をしのぐパワーがあった。くちゃくちゃになった服の山の中から一生懸命カッコイイ服を取り出そうとする根性もすごいものがあった。ああそれを一緒に面白がって楽しむことがなぜできなかったのか？　もしそうしていたら母の晩年はどうなっていただろう。しかし母はもういないのである。

ああ本当にダメな私であった。全ては私の弱さである。

でも、ならばその弱さからスタートするしかないのだ。

この本の著者である木ノ戸さんがすごいのは、そもそもできるとかできないって何だろうね？

ということろからスタートしたことだと思う。でもそれには理由があって、木ノ戸さん自身が「できることがいいこと」という常識にサンザン苦しんできた人だからなのだ。ついには体に変調まできたす事態となり、もがきにもがいて現在の「スウィング」をつくったのである。

つまりはこの本は、スウィングに集う人々の非生産性、非効率の極致、そして予測不能なぶっ飛んだ行動に、時にイラつき、いやもう勘弁してよと心の中でツッコミを入れつつも、いや……もしかしてそれってそもそもアリなんじゃ？　しかもよくよく考えるとなんか笑える！なんて総括しながら、縮こまりそうになる心を風にさらし、もつれすぎて絡まった糸を少しずつ解きほぐしながら、なんだ大丈夫じゃん！　これでいいじゃん！　いやむしろこっちの方が良かったりするんじゃ?と、どんどん自由に、身軽になっていく木ノ戸さんの青春の記録でもある。つまりは木ノ戸さんの「弱さ」なくしてスウィングはなかったのだ。というか、自分をサンザンな目に合わせやがった常識とやらをフンサイしてやるために障害者を利用しているんじゃ……つまりは、木ノ戸さん自身が「障害者」に切実に救われているんである。

なるほどそういうことか。

弱くていいのだ。ダメでいいのだ。ダメだから人に救われるし、救われたら人を救おうと思うのである。こうしてダメがダメを救っていく。世の中を回しているのはお金じゃなくて「ダメさ」「弱さ」であっていいんじゃないか。
というわけで、私も詩を書いてみました。

愛が地球を救う
んじゃなくて
ダメが世界を救う

ああ小賢しい。恥ずかしい。しかしこれが今の私の限界である。まずは自分の弱さを世界に開くところから。ですよね？

稲垣えみ子（いながき・えみこ）
1965年愛知県生まれ。87年朝日新聞社入社。論説委員、編集委員を務め、原発事故後にはじめた「超節電生活」を綴ったアフロヘアの写真入りコラムが話題となる。2016年に早期退職し、現在は築50年の小さなワンルームマンションで、夫なし、子なし、定職なし、冷蔵庫なし、ガス契約なしの「楽しく閉じていく人生」を模索中。近著に『人生はどこでもドアリヨンの14日間』（東洋経済新報社）『レシピがいらない！アフロえみ子の四季の食卓』（マガジンハウス）など。

おわりに

もしもせっかくの休日を台無しにしてテレビを見まくったら？
もしも言えなかったあの言葉を今夜言ってみたら？
もしも仕事をサボって海にでも行ってみたら？

人生はささやかな実験の連続だと考えるようにしている。新しいことにチャレンジするのも実験。チャンスをみすみす見逃すのも実験。結果も成果もやる前からは分からないからこそおもしろい。そしてそれを速やかに実行に移すときに便利なのが、「もしも〜してみたら？」思考法だ。「〜しなければならない」でも、「〜することに決めた」でもなく、「もしも〜してみたら？」。うまくゆかなくたってダメでもともと。だから少し勇気が出しやすい。失敗したら、「もしも、もう1回〜」とすればいいだけだ。何度でも、何度でもやり直しがきく。

本書にも登場するスウィング最年長のGさんは、２０１８年6月、傘寿をお祝いする誕生日パーティーの最中に体調を崩しそのまま入院。5カ月の入院加療を経て、先日ようやく退院した。足腰がすっかり弱ってしまい、自力で歩くことも難しくなってしまったが、「スウィングで働きたい」という気持ちに変わりはなかった。ならば……と僕たちは、「もしもGさんの傘寿を何度も何度もお祝いしたら？」を実行することに決めた。Gさんの「忘れる」という特技には近年、鋭く磨きがかかってきており、2回目、3回目のお祝いも、まるで初めてのことのように喜んでくれるのではないか。そう考えたからだ。そんなわけで今日の昼間に開催した、「第3回G80誕生パーティー」は、思惑通りの鮮度を保ったまま、大盛況のうちに幕を閉じた。また年明けくらいに4回目をやろう。そして恐らく6回目か7回目には、僕たちのほうが祝い疲れてしまうのだろう。

幸運なことに、こんなスウィングの日々を「もしも本にしてみたら？」というお声かけをいただいたのは1年ほど前のことだ。夜遅くまで執筆を手助けしてくれた石田奈菜子さん、佐藤佳紀さん。「疲れた～」と謎に甘える（「不惑」を超えたはずの）おっさんにマッサージをしてくれたり、晩ご飯をご馳走してくれた楢崎さんご一家。永遠のリストラ候補であるにもかかわらず、頼れる助言者として伴走してくれた沼田亮平さん。何の因果か、もう15年ばかり毎日毎日顔を合わせ続けている最高のパートナー、西川雅哉さん。弱さを盾に強がる僕の、いつもそばにいてくれるスウィングの仲間たち。「ああ、生きていて良かった……」と心震える、とてつもなく感動的なテキストを寄せてくださった稲垣えみ子さん。「普遍性」とか「飽きの来ない」とかいうバカ丸出しのリクエストに答え、素敵に装丁してくださった山田和寛さん。「誰も見たことがない本を作りたいです！」という気恥ずかしい意気込みをのたまいながら、乏しい語彙や表現力、ついついハミ出ちゃう業界臭に悶絶する僕を、励まし叱咤し続けてくれた編集担当の平野麻美さん。

そして「もしもこんな本を読んでみたら？」という実験を試みてくれたあなたに、心からの「ありがとう」を贈ります。

2018年12月　夜

木ノ戸昌幸

木ノ戸昌幸（きのと・まさゆき）

1977年愛媛県生まれ。NPO法人スウィング理事長。立命館大学文学部卒。引きこもり支援NPO、演劇、遺跡発掘、福祉施設等の活動・職を経て、2006年にスウィングを設立。狭い「障害福祉」の枠を超えた活動を通して、社会を変えてゆきたいと願ったり願わなかったり。

NPO法人スウィング
京都府京都市北区上賀茂南大路町19番地
Tel/Fax：075-712-7930
Mail：swing.npo@gaia.eonet.ne.jp
ウェブサイト：http://www.swing-npo.com/

まともがゆれる

――常識をやめる「スウィング」の実験

2019年1月25日　初版第1刷発行
2022年5月25日　初版第3刷発行

著者　木ノ戸昌幸
写真　Neki inc. 成田 舞（29上、39、87ページ、帯）
　　　スウィング
ブックデザイン　山田和寛（nipponia）
DTP　濱井信作（compose）
編集　平野麻美（朝日出版社）

発行者　原 雅久
発行所　株式会社 朝日出版社
　　　〒101-0065 東京都千代田区西神田3-3-5
　　　tel. 03-3263-3321　fax. 03-5226-9599
　　　http://www.asahipress.com/
印刷・製本　大日本印刷株式会社

ISBN978-4-255-01097-7 C0095